immortelle, & les siecles à venir, je n'en doute pas, s'écrieront sans cesse que mille hommages soient rendus à la guillotine de Paris; elle a purgé, saigné & totalement détruit la rage de ces monstres infects du despotisme qui désoloient la terre.

On n'aura, maintenant, plus besoin d'aller plonger les enragés à la mer, pour les guérir de leur frénésie; un seul petit tour de guillotine, & ces bêtes carnacieres ne mordront plus.

Mais mille fois plus heureuse encore, ma très-chere sœur aînée, d'avoir l'avantage de couper le sifflet aux représentans parjures d'un peuple qui chérit sa liberté, aux magistrats pervers, qui abusant de la confiance du peuple souverain, le trompe, le trahit, & cherche à l'immoler, en lui en imposant par l'écharpe tricolore dont il est décoré, & que les bons républicains réverent.

Que votre existence & vos travaux, ma sœur, soient à jamais chéris; car ils sont innombrables & le deviendront davantage; déja *la place de la révolution*, où vous vous exercez avec tant d'énergie, a vu dans son enceinte, la destruction des prélats fanatiques, des tyrans ci-devant couronnés par la sottise & la folie, des ministres infideles, des prêtres catholiques..... à ce titre, je frissonne; loin de nous cette engeance maudite & pestilentielle; le meilleur ne valut jamais rien.

Voilà vos coups de théâtre, ma chere sœur aînée, qu'ils sont glorieux, & combien vous devez en retirer d'éloges; vous êtes née avec moi; avant moi, vous entrâtes en exercice, & c'est vous qui avez dirigé mes travaux journaliers, mais expéditifs, ne vous en déplaise, chere sœur aînée. Cependant, sans me targuer d'un vain amour propre, j'ai les bras plus longs que les vôtres,

COMPTE RENDU

AUX SANS-CULOTTES

DE LA REPUBLIQUE FRANÇAISE,

PAR très-haute, très-puissante et très-expéditive DAME GUILLOTINE, Dame du *Carrousel*, de la *place de la Révolution*, de *la Grève*, et autres lieux;

CONTENANT le nom & surnom de ceux à qui elle a accordé des passe-ports pour l'autre monde, le lieu de leur naissance, leur âge & qualités, le jour de leur jugement; depuis son établissement au mois de juillet 1792 jusqu'à ce jour:

Rédigé & présenté aux amis de ses prouesses, par le citoyen TISSET, rue de la Barrillerie, n°. 13, coopérateur du succès de la république française.

TROISIEME PARTIE,

Et premiere partie des révoltés suppliciés à Commune Affranchie, ci-devant Lyon.

A PARIS,

Chez la cit. TOUBON, libraire, galeries du théâtre de la République, à côté du passage vitré; les cit. PETIT & DENNÉ libraires, maison Égalité, & tous les marchands de nouveautés.

On trouve aussi cet ouvrage, chez les citoyens Vezard et le Normant, imprimeurs, rue du Muséum, ci-devant des Prêtres Germain l'Auxerrois.

De l'Imp. du Calculateur Patriote, au corps sans tête.

L'an deuxième de la république française, une et indivisible et deuxieme de la mort du tyran.

LETTRE

De la guillotine de ci-devant Lyon, à la guillotine de Paris, sa sœur ainée.

Datée de Ville-Affranchie, le 15 germinal, l'an 2 de la République française, une et indivisible.

Je lis avec étonnement, ma chere sœur, dans un *compte rendu* imprimé à Paris, vos faits miraculeux, vos prouesses admirables, & les progrès de vos travaux; mon émulation en fut excitée, & je me mis à l'ouvrage avec d'autant plus d'ardeur, que quoique votre cadette, j'ai, comme vous, ce désir brûlant de m'exercer à la *déconfiture* de ce vil ramas de brigands, de scélérats qui traitres à leur patrie, ont juré, mais bien inutilement, sa destruction.

Que vous êtes heureuse! ô mon aimable sœur, que votre orgueil doit être flatté, d'avoir pressé sur votre sein les derniers tyrans de la république française; ces exploits vous rendront

& chez nous, à Ville-Affranchie, cela va plus vite, j'en expédie autant comme autant, & cela ira; je t'assure même que cela va.

Je t'envoie, ma chere sœur aînée, le détail de mes travaux, ils ne sont pas à comparer aux tiens; mais au moins me loueras-tu de mes expéditions; je taille, je rogne, je découpe les scélérats, & du mouvement d'un poids assez fort, je leur accorde un passe-port pour l'autre monde, ainsi que toi.

Depuis le 12 octobre jusqu'au 2 nivose, j'en ai déja envoyé au diable sept cent soixante-dix-sept, abstraction faite de quelques-uns qui me sont échappés par la *fusillade*, mais qui n'en sont pas moins *trépassés*; quoi qu'il en soit le républicain français n'en est pas moins vengé.

Tout comme toi, ma chere sœur, j'ai fait apposer sur la planche fatale, des ex-nobles, des ex-prêtres, des ex-robins, des ex-municipaux, des ex-mar-

chands, des ex-intrigans, des ex, &c.
Mais jamais dans le pays que j'habite, la foire ne fut si bonne, les chalands y abondent, & je vais incessamment mettre les rémouleurs en réquisition ; conviens, ma bonne sœur, que je ne m'endors pas, & que je suis digne en tout de mon origine.

Tu ne verras point sur ma liste de ces tigres appelés *rois*, *reines*, *princes du sang*, tu n'y verras pas non plus les noms de ces infâmes généraux, qui voués à la cabale royaliste, tenterent de faire égorger les bons républicains français, pour leurs menus plaisirs & leur ambition ; tu n'y verras pas non plus le désignement d'une partie de ces grands scélérats titrés, que tu as pressé entre tes bras ; mais tu frémiras sans doute, en lisant le catalogue que je t'envoie, combien de *curés*, de *vicaires*, de *porte-dieu*, de *sacristains*, de *bedeaux* & de *man-*

geurs de pain béni, à qui j'ai donné un bon *peccavi*, avec le tranchant de mon fer résolutif.

Combien de marchands durs, avares & égoïstes, j'ai guéri de la manie d'offrir au plus offrant & dernier enchérisseur, les denrées de premiere nécessité.

Combien de praticiens, de scribes n'ai-je pas guéri de leur attachement à l'ancien régime, en leur ôtant tout-à-coup l'usage de la parole!

Combien de têtes foibles, mal exaltées, n'ai-je pas garanti de la séduction totale, en les séparant du cœur, par mon moyen ordinaire!

Que de têtes dans un sac, ma chere sœur! mais notre ouvrage n'est pas encore consommé; il existe au sein de la république, un nombre considérable d'ennemis secrets, qu'il est instant que nous voyons de très-près, & à qui il est intéressant que nous donnions l'accolade. J'entends les accapareurs, les agioteurs, les faux patriotes, qui le visage couvert d'un masque à la *Hébert*, séduisent les honnêtes gens par des grimaces *sans-culottides*.

Toi, moi, ainsi que nos autres sœurs, nous les attendons ces messieurs; nous sommes en réquisition pour leur administrer les derniers devoirs, devoirs bien doux, devoirs bien chers à remplir. Jamais opérateurs ne feront de si belles cures.

Réponds-moi, ma chere sœur, envoie-moi la notice exacte de tes travaux; quant à moi je t'enverrai constamment le détail de mes œuvres de *Ville-Affranchie*.

Ta sœur DAME GUILLOTINE
de ci-devant Lyon, maintenant Ville-Affranchie.

Réponse à lettre vue.

DÉCRET

DE LA CONVENTION NATIONALE,

Du 12e. jour du IIe. mois de l'an IIe. de la république française, une et indivisible,

Portant que les conspirateurs de Bordeaux et de Lyon seront renvoyés aux tribunaux révolutionnaires ou commissions militaires établis dans ces deux villes.

La convention nationale, sur la proposition d'un membre, décrète que ceux qui sont prévenus d'avoir pris part aux conspirations qui ont éclaté dans Bordeaux et Lyon, seront renvoyés aux tribunaux révolutionnaires et commissions militaires établis dans ces deux villes pour le jugement des coupables.

Visé par l'inspec. Signé *S. E. MONNEL.*

Collationné à l'original par nous président & secrétaires de la Convention nationale. A Paris, le 12e. jour du 2e. mois de l'an 2e. de la république, une & indivisible. *Signé* M. BAYLE, *président*; P. FR. PIORY & CHARLES DUVAL, *secrétaires.*

Au nom de la république, le conseil exécutif provisoire mande et ordonne à tous les corps administratifs & tribunaux, que la présente loi ils fassent consigner dans leurs registres, lire, publier, afficher et exécuter dans leurs départemens et ressorts respectifs; en foi de quoi nous y avons apposé notre signature et le sceau de la république. A Paris, le douziéme jour du second mois de l'an second de la république française, une et indivisible. *Signé* GOHIER, président du conseil exécutif provisoire. *Contresigné* GOHIER. Et scellé du sceau de la république.

Certifié conforme à l'original.

LISTE

Des contre-révolutionnaires & révoltés de la ci-devant ville de Lyon, condamnés à être fusillés & guillotinés par jugement de la commission militaire, établie en cette commune, par décret de la convention nationale, depuis le 12 octobre jusqu'au 2 nivose de la courante année.

Barthelémi ferrus-plantigny, natif de lyon, ci-devant noble capitaine, aide-de-camp du général precy.

Louis elzéa-villeneuve, né à aix, département des bouches-du-rhône, ci-devant noble, aide-de-camp de precy et des autres généraux.

François-joseph lebon, né à joinville, département de haute-marne, vérificateur de la régie nationale, aide-de-camp de precy.

Joseph smith, né à paris, ingénieur-mécanicien, lieutenant-colonel d'artillerie.

Louis griffet-labaume, né à moulins, ci-dev. bourbonnois, dép. de l'allier, ingénieur des ponts et chaussées, lieutenant-colonel du génie.

Henri-isidore de melon, natif de montpellier, ci-devant noble, colonel, adjudant général de precy.

Abel-claude vichi, né à lyon, ci-devant noble, aide-de-camp.

Jean-pierre chapuy-maubeu, né à montbrison, ci-devant noble, capitaine des chasseurs à cheval.

Jean-marie-françois bémani, né à milan, rentier, officier municipal provisoire, envoyé par les tyrans coalisés.

Jean-baptiste ité, né à lyon, aide de justice, provocateur au pillage, repris de justice, et déserteur.

Charles pringuet, né à gand, pays-bas autrichien, sans état, aide-de-camp.

Jacques-gaspard loppin, né à beaune, département de la côte-d'or, rentier, commandant le camp de broteaux.

Claude cludel-montcollomb, natif de marcigny-sur-loire, ci-devant noble, émigré, neveu du général precy et son aide-de-camp.

Jean jacques boulay, né à lyon, ouvrier en soie, lieutenant-colonel.

Jacques moley, né à besançon, arpenteur, lieutenant-colonel d'artillerie.

François jacob, né à vesoul, en franche-comté, hussard du premier régiment, ci-devant berchigny, déserteur, combattant avec les rebelles contre l'armée républicaine.

Daniel jeannin, né à rilsem, hussard au même régiment, déserteur et combattant avec les rebelles.

Louis-julien devinésac né à l'argentière, département de l'ardêche, ci-devant noble, adjudant-général.

François privat, né à millery, dans le lyonnois, huissier, officier municipal provisoire.

Etienne-gustave buisson, né à lyon, architecte, capitaine des chasseurs à cheval.

Charles-gaspard clermont-tonnerre, né à Paris, ci-devant noble, commandant.

Alexandre-marie perrache, né à empus, département du var, ci-devant noble, commandant la batterie neyrac aux broteaux.

Jean-françois martin, né à genève, horloger, lieutenant-colonel d'artillerie.

Pierre chappuy-maubou, natif de montbrison, ci-devant noble, lieutenant des bombardiers.

Jean rimberg, natif du pays devaux en

suisse ci-devant officier dans les troupes de hollande, général.

Jean-jacques milanais, né à lyon, ex-constituant aux années 1789, 90 et 91, lieutenant-colonel d'artillerie.

Benoît-nizier servier, né à lyon, premier vicaire de l'église métropolitaine, quartier maître.

Benoît boirivent, natif de lyon, teneur de livres, secrétaire de precy.

Pierre latour, né à lyon, herboriste, capitaine.

Jean patural, de leigneux en forez, ci-devant diacre, instigateur.

Jean-baptiste morel, né à lyon, marchand; officier dans la force départementale, instig.

Théophile seiz, natif du duché de virtemberg, commis de magasin, officier dans la force départementale, instigateur.

Claude-antoine praire, né à saint-etienne, marchand, commandant de bataillon, instigateur.

Jean-guillaume savaron, né à lyon, ci-devant noble, commandant des vétérans, instigateur.

Jean-baptiste portal, né à lyon, cabaretier, assassin du patriote marc, horloger.

Gilibert denojean, né à pont-de-veaux; dép. de l'ain, serrurier, officier, instigateur.

Antoine andré, né à rozai, ci-devant dauphiné, marchand drapier, commandant de l'arsenal.

Jean-pierre vaugirard, né à chaudieu, district de montbrison, ci-devant noble, instigateur, refugié en cette ville.

Jean-pierre glausinger, né à virtemberg, sculpteur, fabricateur de faux assignats, instigateur.

Ignace-joseph soulier, né à avignon, marchand, aide-de-camp.

Germain villard, né à lyon, marinier; officier instigateur.

Dominique Bouchu, né à Lyon, voyageur dans la chapelerie, officier, instigateur.

Jean baptiste mollet, né à lyon, marchand sur la riviere, officier, instigateur, chargé de porter à Paris le voeu du fédéralisme.

Charles benoit chambarant, né à montbrison, ci-devant noble, commandant les redoutes des massues.

Antoine bernard, né et dem. à lyon; marchand, lieutenant-colonel.

Fin de la première liste.

Suite des fusillés & guillotinés dans la ci-devant Ville de Lyon, depuis le 28 brumaire jusqu'au 2 frimaire.

Joseph-Camille Sarrazin fils, né à Lyon, faiseur de bas, adjudant de bataillon dans l'armée des rebelles.

George Matrat, né à Lyon, chapellier, sous-lieutenant.

Pierre Leclair, né à Lyon, maître de poste aux chevaux, commandant de bataillon.

Joseph-Camille Sarrazin pere, né à Paris, fabricant de bas, commandant des vétér.

Pierre-André Grainville, né à l'Isle Bourbon, retiré du service, juge militaire.

Benoît Gingene, né à Lyon, compagnon chapellier, lieutenant.

Joseph Ducrêt, né à Lyon, ci-devant huissier, correspondant de Precy.

François Richard, né à Lyon, marchand cirier, capitaine.

Noël-Augustin Bouvard, né à Lyon, marchand, capitaine.

François Riviere, né à Lyon, retiré du service, lieutenant-colonel.

Amable

Guillaume Compagnon, né à Lyon, y demeurant, marchand épicier, lieutenant.

Pierre-Philippe Bourlier, né à Lyon, ci-devant noble, instigateur.

Jean-Baptiste Baille, né à Avignon, commerçant de modes, commandant de bataillon.

Gaspard Bertrand, né à Saint-Michel, chapellier, commandant de bataillon.

Guillaume-Emanuel Trezette, né à Roanne, lieutenant-colonel de gendarmerie.

Antoine Gallet, né à Lyon, chapellier, adjudant, sous-officier.

Martin Duclaux, né à Lyon, marchand toilier, commandant de bataillon.

Nicolas Matton, né à Roanne, capitaine de gendarmie, rebelle.

Jean-Marie Terrier, né à Lyon, chapellier, sous-commandant de bataillon.

Etienne Guignard, né à Lyon, capitaine de gendarme, rebelle.

Antoine Triomphant, né à Lyon, faiseur de bas, lieutenant.

Joseph Binard, né à Trevoux, huissier, capitaine.

Cap-de-ville, né à Landrecy, département du Nord, lieutenant de gendarmes, rebelle.

Amable Gasnier, né à Lyon, cafetier, lieutenant de cannoniers.

Charles-François Chaffoy, né à Besançon, rentier, commissaire, chargé de l'organisation de l'armée départementale.

Jean Posuel, né à Lyon, ci-devant noble, commandant de bataillon.

Antoine Courbon-Montviol, né à Saint-Etienne, ci-devant noble, rebelle fuyard arrêté les armes à la main.

Jean-Marie Grosdenis, né à Coutrouve, domestique à un ci-devant noble, rebelle, fuyard arrêté les armes à la main.

Jean-Pierre Terrasse-d'Yvours, né à Lyon, ci-devant noble, officier rebelle.

François Charpenay, né à Saint-Bel, matelassier, officier rebelle.

Jean-Pierre Thomas, né à Termignon, commissionnaire, officier des rebelles.

Jean Tournery, né à Lyon, épicier, officier des rebelles.

Claude Gros, né à Lyon, vinaigrier, officier des rebelles.

Etienne Fichet, né à Lyon, ferblantier, officier des rebelles.

Henry Ferlat, né à Lyon, miroitier, officier des rebelles.

André Pichard, né à Lyon, fabricant, commandant de bataillon.

Alexandre Chevalier, né à Paris, figurant au théâtre, officier des rebelles.

Jean-Antoine-Jacques Larouviere, né à Codolet, département du Gard, rentier, officier des rebelles.

Jacques Hodieu, né à Lyon, brodeur, officier des rebelles.

Benoit-Louis Saint-Michel, né à Lyon, fabricant en soie, officier des rebelles.

Louis Pomaret, né à Lyon, négociant, officier des rebelles.

Claude Laroche, né à Lyon, teinturier, officier des rebelles.

Bernard Besuchet, né à Châlons, département de Saône et Loire, ci-devant officier du guet, adjudant major de bataillon.

Pierre-Thomas Legendre, né à Beauvais, département de l'Oise, commis drapier, rebelle fugitif pris les armes à la main.

René Genevay, né à Lyon, ouvrier en soie, lieutenant.

Pierre Laperouse, né à Lyon, ouvrier en soie, capitaine.

Jacques Rivoire, né à Saint-Andéol en

lyonnais, ouvrier en soie, sous-lieutenant.

André Barraud, né à Lyon, chapellier, quartier-maître.

Pierre Bagder, né à Lyon, ouvrier en soie, rebelle fugitif.

Lambert Hingues, né à Paris, graveur, conducteur de routes.

Jean-Antoine Perret, né à Gond, département du Doug, commis de magasin, lieut.

François-Jacques Broyer, né à Genève, teneur de livres, quartier-maître.

André Claviere, né à Lyon, négociant, sous-lieutenant.

Jean-Baptiste Garcin, né à Lyon, chapellier, officier rebelle fugitif.

Hugues Durand, né à Lyon, chandellier, sous-lieutenant.

Certifié véritable par nous membres de la commission militaire. *Signé* GRANDMAISON, lieutenant colonel de gendarmerie, président; BRUMIERE, capitaine; PELLETIER, capitaine; MERCIER, lieutenant; PELLEGRIN, sous-lieutenant; et PRIVAT, greffier.

Fin de la seconde liste.

Suite des justiciés dans la ci-devant ville de Lyon, les 14 & 15 frimaire, l'an second de la république française, une, indivisible & démocratique

Antoine mariétan, âgé de 20 ans, né et dem. à lyon, département du rhône, rue tramassac, dessinateur, fusilier caserné, contre-révolutionnaire pris les armes à la main.

Pierre lestelle, âgé de 20 ans, né et dem. à lyon, dép. du rhône, rue bonneveau, chirurgien, fusilier, conspirateur à main armée.

François-xavier chervillac, âgé de 28 ans, né à thionville, dem. à lyon, rue lanterne, commis, fusilier, employé au district, contre-rév. ayant porté les armes.

François nérauld, âgé de 21 ans, né à rui, en berry, dem. à lyon, rue clermont, commis drapier, fusilier caserné, contre-rév. ayant porté les armes.

Jean-pierre trenel, né et dem. à lyon, palais-grillé, chandelier, chasseur caserné, contre-rév. ayant porté les armes.

Claude pégond, âgé de 19 ans, né à sécelle, dem. à lyon, quai saint-vincent, commissionnaire, grenadier caserné, contre-rév. ayant porté les armes.

Antoine roussillon, âgé de 33 ans, né et dem. à lyon, quai saint-vincent, marchand sur la riviere, fusilier caserné, contre-révol. ayant porté les armes.

jean b. pitre, âgé de 33 ans, né à trévoux, dem. à lyon, rue des souffletiers, ouvrier en bas, grenadier caserné, contre-révol. ayant porté les armes.

Baptiste merlat, âgé de 58 ans, né à saint symphorien-le-ch., dem. à lyon, rue puy-gailiot, sans état, conspirant avec des prêtres réfractaires.

Sincere rastelly, âgé de 52 ans, né à villeneuve, en italie, dem. à lyon, rue de l'arbre-sec, maître de langue italienne, fusilier, contre-rév. pris les armes à la main.

joseph-françois mazelin, âgé de 25 ans, né à craon, dép. de la meurthe, dem. à rouanne, homme d'affaires, fusilier, contre-rév. pris les armes à la main.

Pierre bourdier, âgé de 30 ans, né à clermont-ferrand, dem. à lyon, quai saint-vincent, commis de la municipalité provisoire; contre-révolutionnaire.

Joseph goual, âgé de 26 ans, né à colombier, dép. de l'isere, dem. à lyon, quai saint-vincent, commis négociant, grenadier, contre-rév. à main armée.

Pierre bergeron, âgé de 20 ans, né à rouanne, cultivateur et propriétaire, soldat caserné, venu de rouanne se joindre aux réb. contre-révolutionnaires.

Ennem.-marie delompnes, âgé de 22 ans, né à virieu-le-grand, dép. de l'ain, dem. à lyon, rue godiniere, chapelier, grenadier, contre-révolutionnaire ayant pris les armes.

Barthelemy zuffi, âgé de 30 ans, étranger, dem. à lyon, place des terreaux, chocolatier, fusilier, contre-rév. ayant pris les armes.

Jacques révérony, âgé de 21 ans, né et dem. à lyon, rue sainte-catherine, peintre, chasseur à cheval, contre-rév. ayant pris les armes.

François noly, âgé de 24 ans, né et dem. à mâcon, rentier, contre-rév. prononcé.

Laurent perret, âgé de 49 ans, né et dem. à lyon, rue simonot, négociant, grenadier caserné, contre-rév. ayant pris les armes.

Jean-claude boissieu, âgé de 26 ans, né et dem. à lyon, rue sainte-catherine, commis de magasin, fusilier, contre-rév. ayant pris les armes.

Louis palleron, âgé de 20 ans, né et dem. à lyon, grande rue, marchand épicier, grenadier caserné, contre-rév. ayant pris les armes.

Aimé farge, âgé de 22 ans, né et dem. à lyon, grande rue, corroyeur, grenadier caserné, contre-rév. ayant pris les armes.

Joseph reynaud, âgé de 55 ans, né à saint-didier, en forêt, curé de savigny, y dem. contre-rév. fanatique.

Jean-pierre hossepel, agé de 28 ans, né au puy en velai, dem. à lyon, place de la from, compagnon tapissier, chasseur caserné, contre-rév. pris les armes à la main.

Claude laverriere, agé de 23 ans, né à thésé, dép. du rhône, dem. à lyon, place de l'herberie, orfevre, grenadier, contre-rév. pris les armes à la main à la col. de vaize.

Antoine moliere, agé de 31 ans, né et dem. à lyon, à la boucherie saint-paul, boucher, chasseur à cheval, contre-rev. pris les armes à la main à la col. de vaize.

Martin serre, agé de 19 ans, né à catalogne, en espagne, bourgeois déserteur esp., contre-rév. ayant travaillé aux redoutes.

Antoine deschoule agé de 36 ans, né à durne, dép. de rhône et loire, dem. à lyon, place saint jean, domestique, grenadier, contre rév. armé.

Jacques thibauld, agé de 37 ans, né à montange, en bugey, dem. à lyon, rue du bois, tourneur, chasseur caserné, contre-rév. pris les armes à la main.

Jean vianet, agé de 21 ans, né à saint-ramber, dem. à lyon rue du plat, domestique, contre-rév.

Jean mathieu bissuel, agé de 55 ans, né à lyon, dem. à la commune du rhône, près ville-franche, rentier, officier municipal, contre-révol. bien prononcé.

Pierre gilisson, agé de 19 ans, né à bruxelles, demeurant à lyon, rue de la gerbe, tailleur, chasseur caserné, contre-rév. pris les armes à la main.

Pierre joseph thevenet, né à lyon, dem. rue des forces, négociant en soierie, contre-rév. ardent.

Camille meunier, agé de 22 ans, né à lyon, dem. rue lafont, commis marchand, grenadier caserné, contre-révol. pris les armes à la main.

Joseph feuillet, agé de 19 ans, né à lyon, dem. rue longue, chapelier, grenadier caserné, contre-rév. pris les armes à la main.

Pierre paul saint, agé de 20 ans, né à chatillon d'azergue, dem. à lyon, rue bas d'argent, commis fabricant, fusilier caserné, contre-rév. pris les armes à la main.

Jean paul françois, agé de 30 ans, né à poupiere en lorraine, demeurant à lyon, place des carmes, domestique, fusilier, cont. rév.

Claude louis andré blanchet, agé de 54 ans, né à lyon, dem. place de la fédération, rentier, contre révol. prononcé.

Louis guilleminet, agé de 27 ans, né à montpellier, demeurant à lyon, rue merciere, commis drapier, fusilier, contre-rév. pris les armes à la main.

Baptiste figuet, agé de 24 ans, né à lyon, dem. rue de l'arbre sec, clerc d'avoué, grenadier caserné, contre-rév. pris les armes à la main.

Joseph blanchard, agé de 20 ans, né à lyon, dem. rue confort, perruquier, fusilier caserné, contre-rév. pris les armes à la main.

Antoine guillaume, agé de 24 ans, né à saint-simphorien, district de roanne, dem. à lyon, rue saint joseph, domestique, fusilier, contre-révolutionnaire.

Pierre de nolly, agé de 20 ans, né à baurepaire, dem. à lyon, rue merciere, commis marchand, fusilier, contre-révolutionnaire pris les armes à la main.

Blaise vauland, agé de 27 ans, né à siligunen, dép. de l'ain, dem. à lyon, quai st. clair, commis fabricant, canonier, contre-rév. armé.

Henry jonnat, agé de 24 ans, étranger, dem. á lyon, rue clermont, perruquier, grenadier caserné, contre-révol. à main armée.

Louis monaton, agé de 47 ans, né à lyon, dem. à montée st. barthelemy, fabricant ouvrier sous-lieutenant, contre-révol. à main armée.

Antoine vial, agé de 33 ans, né à st. juste-la-pendue, demeurant audit lieu, tisserand, fusilier, contre-rév. blessé pendant le siege.

Joseph lecourt, agé de 27 ans, né à lyon, dem. rue neuve, sans état, brig. des gend. à pied, contre-révol. à main armée.

Jean-baptiste lance, agé de 46 ans, né à lyon, dem. place neuve, huissier gendarme à cheval, contre-révol. à main armée.

Joseph-jacques berlan, agé de 22 ans; né en suisse, dem. à lyon, place de la from. ouvrier chocolatier, fusilier caserné, contre rév. pris les armes à la main.

Jean françois chedel, agé de 22 ans, né à lyon, dem. rue st. jean, commis fabricant de bas, chasseur caserné, contre rév. pris les armes à la main.

George merle, agé de 22 ans, né à saint pierre de bœuf en forêt, dem. rue st. jean, sans état, chasseur à cheval, contre rév. pris les armes à la main.

Joseph latour, agé de 20 ans, né à firmini en foret, dem. à lyon, place st. jean, sans état, grenadier, pris les armes à la main.

François bieil, agé de 31 ans, né à neuville sur saône, dem. à lyon, place st. jean, chirurgien à l'hôpital, contre rév.

Pierre François, agé de 36 ans, né à mont-blanc, dem. à lyon rue tomassin, comp. faiseur de bas, commissaire aux inc. contre rév.

Thomas richard, agé de 22 ans, né à dijon, dem. à lyon pl. st. jean, comp. imprimeur, grenadier, contre rév.

Claude noblot, agé de 26 ans, né à ancier, dép. de haute saône, dem. à lyon, faubourg de vaise, garçon perruquier, fusilier contre rév.

Jacques dubost, dit curcieu, agé de 30 ans demeurant rue chalier, sans état, grenadier caserné, ci devant abbé, contre rév.

Jean jacques morel, agé de 21 ans, né à lyon, dem. boucherie st. george, chapelier, grenadier, contre rév.

Jean claude geomard, agé de 29 ans, né à claverol en beaujol. dem. à lyon, rue tramassac, fabricant de gaze, commissaire pour faire porter les effets, contre rév.

André chataing, agé de 19 ans, né à st. simphorien le ch. dem. à lyon, place de la boucherie des terreaux, sans état, fusilier, contre-révolutionnaire.

Jean baptiste nareau, agé de 36 ans, né à marnay, dép. de haute saône, dem. à lyon, rue la font, instituteur, commissaire aux inc. contre rév.

Lambert desmarais, agé de 20 ans, né et dem. à lyon, place neuve, éleve en mathém. fusilier caserné, contre révolutionnaire pris les armes à la main.

Pierre perrin, agé de 24 ans, né et dem. à lyon, quai de la charité, dessinateur, grenadier, contre rév. pris les armes à la main.

Michel dupont, agé de 22 ans, né et dem. à lyon, rue tupin, relieur de livres, grenadier, contre rév. pris les armes à la main.

Phélix demakir, agé de 42 ans, né à cazal en italie, demeurant à lyon, rue clermont, musicien, fusilier à la colonne de vaize, contre révol. pris les armes à la main.

Etienne flachon, agé de 53 ans, né et dem. à lyon, rue brignais, sans état, contre révol.

Jacques marie bonin, agé de 42 ans, né à montbrison, dem. à lyon, rue chalier, agriculteur, chasseur, contre-révolutionnaire.

Laurent basset, ex-noble, agé de 46 ans, né et demeurant à lyon, rue chalier, ci-devant lieutenant de la sénéchaussée de lyon, contre-révolutionnaire.

Joseph roussi, agé de 22 ans, né à nantes, demeurant à lyon, rue de la gerbe, garçon tailleur, chasseur caserné, contre révol.

Jean marie bertrand, agé de 21 ans, né et demeurant à lyon, rue neyret, commis gasier, grenadier appointé, contre révol.

Jean marie figuet, agé de 21 ans, né et dem. à lyon, rue de l'arbre-sec, garçon épicier, grenadier caserné, contre révol.

Claude étienne aubry, agé de 22 ans, né à oussié, dép. du jura, dem. à lyon, place de la fédération, affaneur, fusilier pris hors de la trouée, contre rév. pris les armes à la main.

Jacques turquet agé de 20 ans, né à montbrison, dem. à lyon, place de la fédération, garçon perruquier, fusilier, contre rév. pris les armes à la main.

Michel vilard, agé de 53 ans, né à voiron, dém. à lyon, rue des deux angles, ouvrier en soie, commissaire de police, contre révol.

Jean pilon, agé de 21 ans, né à saint-just, district de villefranche, garçon cordonnier, fusilier caserné, contre révol.

Jean marie philibert simonet, agé de 52 ans, né à tarrare, dem. à lyon, rue des deux angles, notaire, commandant en second de bataillon, contre révolutionnaire.

Jean raimond, agé de 21 ans, né à montbrison, demeurant à lyon, rue des deux angles, sans état, fusilier, contre révol.

Pierre gabriel ducoté, agé de 24 ans, né à valsonne, près tarrare, dem. à lyon, rue des deux angles, marchand toilier, grenadier, fils d'un notaire, contre révol.

Nicolas gard, agé de 23 ans, né à paris, dem. à lyon, rue bonneveau, garçon perruquier, grénadier caserné, contre révol.

Louis benoît mondesert, agé de 26 ans, né à monmerle, demeurant à lyon, rue du bœuf, avoué, grenadier, contre révol.

Barthelemy ducoté, agé de 33 ans, né à valsonne, dem. à lyon, palais-grillé, ouvrier en soie, fusilier, contre révol.

Claude bayon, agé de 22 ans, né à s. didier, dép. de la haute loire, dem. à s. chamont, passementier, fusilier, contre révol.

François lambert, agé de 30 ans, né à collini, district de bourg, dem. à lyon, place de la fédération, domestique, chasseur caserné, contre révol. pris les armes à la main.

Claude dufréchoux, agé de 22 ans, né et demeurant à lyon, rue s. george, ouvrier en soie, grenadier, contre révol.

Claude marie lagros, agé de 21 ans, né à cluny, dép. de saône et loire, dem. à lyon, rue des soufletiers, garçon perruquier, fusilier, contre révol.

Jean baptiste durand, agé de 26 ans, né à s. rambert sur loire, dem. à s. etienne, armurier, canonier, contre révol.

Dominique corty, agé de 21 ans, né à milan, dem. à lyon, quai de beaurepaire, garçon cafetier, fusilier, contre-révolutionaire pris les armes à la main.

Quonora taicre allemand, agé de 20 ans, né en hanovre, tonnelier brasseur de bierre, fusilier, contre révol.

Fatté hoquopa, agé de 20 ans, né meins en

en allemagne, cordonnier, fusilier, contre rév.

Hian matfel, agé de 27 ans, né en hollande, dem. à lyon, près du pont de pierre, cordonnier, grenadier caserné, contre révol.

Clément roche, agé de 32 ans, né à saint-marcelin en forêt, dem. à s. chamont, commis de magasin audit lieu contre révol. pris les armes à la main.

André merle, agé de 39 ans, né à lons-le-saunier, dem. à mâcon, procureur général syndic du dép. de saône et loire, contre rév., homme de loi.

Pierre dalby, agé de 19 ans, né à paris, dem. à lyon, quai de rez, commis fabricant, grenadier caserné, contre révol.

Jean marie croizié, agé de 23 ans, né et dem. à chevriere, district de montbrison, laboureur fusilier caserné, contre révol.

Louis joseph barbier, agé de 39 ans, né à paris, dem. à tarrare, secrétaire de la commune dudit lieu, contre révol.

Charles arnaud, agé de 25 ans, né à saint-étienne, dem. à tarrare, rubanier, grenadier caserné, contre révol.

Joseph pierre françois bonéti, agé de 28 ans, né à molossile, dép. de vaucluse, dem. à lyon, place confort, commis libraire, grenadier caserné, contre révol.

Alexandre sâle, agé de 20 ans, né à couterne, dép. du calvados, dem. à la déserte, maçon, chasseur à cheval, contre révol. pris les armes à la main.

Pierre chambon, agé de 43 ans, né au puy en velay, dem. à lyon, vers s. côme, courtier, fusilier, agicteur contre révol.

Pierre michaud, agé de 23 ans, né à brangue, dép. de l'isere, dem. à la grenette, commis toilier, grenadier caserné, contre révol.

Gabriel clément, agé de 27 ans, né à bayelle en champagne, dem. à givors, verrier, fusilier caserné, contre révol.

Jean dori, agé de 24 ans, né à s. genis-terre-noire, dem. à s. chamont, passementier, fusilier, contre révol.

François denavi, agé de 35 ans, né et dem. à lyon, rue neuve, ci-dev. visiteur des rôles du district de la campagne de lyon, sergent-major, contre révolutionnaire.

Marcelin limosin, agé de 38 ans, né à monistrole, rue s. chamont, passementier, fusilier, contre rév.

Jean baptiste burdiat, agé de 25 ans, né à villefranche, dem. à lyon, rue grolié, n°. 63, ouvrier en soie, fusilier, contre rév.

Joseph chevalier, agé de 21 ans, né à mont-brison, dem. à lyon, rue grolié, n° 63, au-bergiste chez sa mere, fusilier, contre rév.

Charles renaud, agé de 22 ans, né à rouen, dem. rue chalier, perruquier, fu-silier, contre révolutionnaire.

Jean mourié, agé de 32 ans, né à monis-trole, dem. à s. chamont, laboureur, chasseur contre rév.

François marie viaille, agé de 21 ans, né à lyon, dem. rue de l'ours, n° 37, commis libraire, grenadier, contre rév.

Louis juge, agé de 19 ans, né à tarascon, dem. à lyon, rue bas d'argent, marchand toilier, grenadier, contre rév.

Claude mariote, agé de 38 ans, né à s. le-ger, dép de la côte d'or, dem. à lyon, rue buisson, marchand brodeur, grenadier, com-missaire aux bombes, contre rév.

François riverieu, dit de gage, agé de 63 ans, né à lyon, dem. en vaise, ci-dev. noble et officier, contre rév.

Barthélemi laroue, agé de 30 ans, né à lyon, dem. rue Pizai, imprimeur, grenadier, contre-révolutionnaire.

Claude beranger, agé de 24 ans, né à lyon, dem. rue thomassin, chirurgien, contre rév.

Hipolite lachaumette, agé de 26 ans, né à craponne, dép. de haute loire, dem. rue thomassin, négociant, caserné, contre rév.

Nicolas étienne dutailli, agé de 38 ans, né à troyes, dem. à lyon, petite rue pizai, acteur du grand théâtre, domestique, canonier, contre-révolutionnaire.

Nicolas pernet, agé de 41 ans, né à longueville, ci-dev. en franche comté, dem. rue puits-gaillot, domestique, commissaire aux bombes, contre révolutionnaire.

Jacques daty, agé de 28 ans, né à arles, dép. des bouches du rhône, dem. rue triont, maçon, grenadier caserné, contre rév.

Bernard farge, agé de 23 ans, né à lyon, dem. rue de la grenette, relieur de livres, grenadier caserné, contre rév.

René ségué, agé de 32 ans, né à tours dép. d'indre et loire, rue des maroniers, ouvrier en soie, grenadier, pris à la sortie, contre rév, pris les armes à la main.

Thomas gacon, agé de 28 ans, né à lyon, dem. rue du plat, commis négociant, canonier pris à la sortie, les armes à la main.

François plantin, agé de 27 ans, né à lyon, dem. rue des trois maries, commission. chargeur, fusilier, contre révolutionnaire.

Joseph denis barre, agé de 55 ans, né à arles, dem. place de la charité, agriculteur, ex noble, conspirateur.

François filion, agé de 53 ans, né à lyon, dem. rue grolié, n° 43, tourneur, sous lieutenant, contre rév.

Joseph balou, agé de 48 ans, né à châteauroux, dép. de l'indre, dem. place des carmes, coëfeur de femmes, caporal caserné, contre révolutionnaire.

Gabriel calmard, agé de 21 ans, né à s. bonnet, dép. de rhône et loire, dem. place des carmes, commis fabricant, chasseur à cheval, contre-révolutionaire, pris les armes à la main.

Jean verd, agé de 39 ans, né à lyon, dem. à la quarantaine, boulanger, fusilier caserné, contre rév.

Jean benoit terra, agé de 37 ans, né à lyon, rue grolié, fabricant de bas, adjoint au comité de sa section, contre rév.

Jean gacien simonet, agé de 23 ans, né à tours, dem. rue du plat, n° 7, garçon perruquier, fusilier, contre rév.

Pierre trébor, agé de 27 ans, né à rabastin, dép. du tarn, dem. place de la liberté, garçon perruquier, grenadier caserné, cont. rév.

Pierre antoine labranche, agé de 30 ans, né

à montbrison, dem. place de la liberté, expert en titres, canonier, cont. rév. pris les armes à la main.

Jean fésan, agé de 38 ans, né à vaise, place de la liberté, bourelier, notable, cont. rév.

François pierre badin, agé de 45 ans, né à Paris, dem. à lyon, place neuve, huissier, fusilier caserné, contre rév.

Pierre antoine bonnard, agé de 31 ans, né à sériere, dép. de l'ain, dem. rue des trois maries, huissier, canonier caserné, cont. rév.

Claude chofelet, agé de 38 ans, né à chalons sur saône, dem. rue du plat, copiste, grenadier caserné, contre rév.

Antoine louis morel, agé de 27 ans, né à lyon, place s. pierre, clerc de notaire, fusillier caserné, contre rév.

François blain, agé de 59 ans, né à lyon, dem. rue s. irenée, dessinateur, lieutenant, contre rév.

Nicolas lenel d'ivoiry, agé de 58 ans, né à ivoiry, dem. à vaise, chirurgien, maire dudit lieu, contre rév.

Martin thevenon, agé de 33 ans, né à s. bonnet, district de montbrison, rue s. joseph, domestique de peine fusilier caserné, contre rév.

Jean jacques launay, agé de 41 ans, né caen, dép. du calvados, dem. à s. foix, domestique du nommé vichi, contre rév.

Sébastien milleran, agé de 33 ans, né à semur, dép. de saone et loire, dem. place des carmes, domestique de precy général des rebelles.

Antoine paillot, agé de 42 ans, né à barsaillat, dép. du jura, dem. rue mulet, tenant pension, fusilier caserné, contre rév.

Christophe vernardet, agé de 26 ans, né à s. étienne, dem. à givors, comp. tenturier fusilier caserné, contre rév. venu de saint-étienne pour se joindre aux rebelles.

Etienne duchamp, âgé de 23 ans, né à villefranche, demeurant à lyon, rue des fanges, commis, grenadier caserné, contre-révolutionnaire.

Benoît vial, âgé de 42 ans, né à coutence en forêt, dem. rue des hébergeries, hôtellier, grenadier, contre-rév.

Aimé richard, âgé de 43 ans, né à lyon, dem. port du temple, marchand de charbon, lieutenant, contre-rév.

Claude bernard, âgé de 34 ans, né à lyon, dem. rue de la gerbe, clerc de notaire, secrétaire de section, contre-rév.

Jean-philippe lesac, âgé de 52 ans, né à st.-germain-la-prade, dép. de haute loire, dem. place du change, négociant, fusilier caserné, contre-rév.

Claude-étienne bonneau, âgé de 54 ans, né à orsan, dép. du doux, dem. pet. rue ste-catherine, rapeur de tabac, grenadier caserné, contre-rév.

Claude poncet, âgé de 31 ans, né à d'ours en piémont, dem. rue chalier, domestique, grenadier caserné, contre-rév.

Gaspard-joseph chabrier, âgé de 56 ans, né à piersite, dép. de l'allier, dem rue sainte-catherine, négociant, commissaire aux prisons pendant le siége, contre-rév.

Gabriel laferté, agé de 50 ans, né à villefranche, dem. rue buisson, facteur de la pet. poste, canonier, pris le armes à la main, contre-rév.

Jean-baptiste martin, agé de 21 ans, né à lyon, dem. à la glaciere, garçon embaleur, fusillier caserné, contre-rév.

Marcelin légalerie, âgé de 63 ans, né à montbrison, dem. à st.-priest, en jaret, agriculteur, venu de montbrison pour se joindre aux rebelles.

Etienne rousset, âgé de 63 ans, né à lyon, dem. rue de flandres, direct. du bureau des nourrices, sergent des vétérans, contre-rév.

Alexandre marie castanier, âgé de 30 ans, né à montpellier, dem. rue des forges, précepteur, pris à la trouée, les armes à la main.

Guillaume huguenot, âgé de 24 ans, né à villefranche, dem. place du petit change, chapelier, canonier pris à la trouée, les armes à la main.

Jean-baptiste desmarais, âgé de 32 ans, né à lyon, dem. rue merciere, marchand clincalier, fusilier contre-révol.

Louis quintalet, âgé de 34 ans, né à lyon, dem. place confort, chapelier, fusilier, contre-révol.

Jean larivé, âgé de 28 ans, né à lyon, dem. quai st.-clair, teneur de livres, fusilier pris à la sortie, les armes à la main.

Jean-marie michalet, âgé de 23 ans, né à lyon, dem. rue belle-cordiere, doreur, fusilier caserné, contre-révol.

Gaspard bouteille, âgé de 58 ans, né à lyon, dem. rue vaubecour, ci-devant commis aux octrois, porte drapeau, contre-révol.

Baptiste prost, âgé de 47 ans, né à saint-cyr au mont-d'or, dem. à cologne, ouvrier fabr. de bas, fusilier, contre-révol.

Jacques fourra, âgé de 56 ans, né à beaujeu, district de villefranche, dem. à lyon, près de l'observance, agriculteur, fusilier contre-rév.

Baptiste pain fils, âgé de 42 ans, né à villefranche, dem. à lyon, près de l'observance, homme de loi, accusateur public, prévaricateur, contre-rév.

Baptiste gilet, âgé de 40 ans, né à saint-pourcin, dép. de l'allier, dem. à villefranche, ci-devant notaire, contre-rév.

Etienne nicolas, âgé de 38 ans, né à saint maurice, dép. de saône et loire, dem. à villefranche, ci-devant avoué, ci-devant officier municipal à villefranche, officier municipal destitué, contre-rév.

Claude bonnetin, agé de 38 ans, né au hameau de monnet, dem. à villefranche, ci-devant avoué, ci-devant officier, officier municipal destitué contre rév.

Jean françois roux, agé de 25 ans, né à lyon, rue lainerie, faiseur de bas, fusilier caserné, contre rév.

Jean ardouin, agé de 37 ans, né à l'isle de rez, dép. de la charente inf. dem. rue chalamon, tailleur, sous-lieutenant, contre rév.

Baptiste livieu, agé de 58 ans, nè à aix, dép. d. b. du rhône, dem. à lyon, rue lainerie, teneur de livres, secrétaire de permanence, contre rév.

François muzi, agé de 56 ans, né à jouar, dép. du mont-blanc, dem. à lyon, place du change, marchand de tabac, contre rév.

Louis joseph prayre, dit royer, agé de 37 ans, né à st. étienne, dem. audit lieu, négociant en rubans, maire destitué, venu de st. éti[illegible]nne pour se joindre aux rebelles.

Antoine trapadon, agé de 61 [illegible] pital sous rochef, dem. à la côte, [illegible] épicier, contre rév.

Louis martin, agé de 47 ans, né à a[illegible] dem. à la quarantaine, commis de maga[illegible] silier caserné, contre rév.

Claude rodet, agé de 50 ans, né à ly[illegible], dem. rue plat d'argent, faiseur de bouc[illegible] fusilier, contre rév.

Simon coquet, agé de 50 ans, né à dijon, dem. place de la charité, domestique, commissaire aux bureaux, contre rév.

Jacques saturnin micot, agé de 23 ans, né à toulouse, dem. rue st. côme, commis toilier, fusilier pris à la sortie, contre rév. pris les armes à la main.

Louis badegère, agé de 35 ans, né à lyon, dem. à croix paquet, apprêteur d'étoffes, capitaine, contre rév.

Barthelemy bargamin, agé de 51 ans; né à lyon, dem. à grande côte, marchand épicier, fusilier, contre rév.

Mathieu césar barron, agé de 60 ans, né à lyon, dem. rue tramassac, ci-devant greffier des ci-devant comtes de lyon, secrétaire permanent, contre rév.

François guy, agé de 41 ans, né à vienne, dem. à vienne, rentier, venu de vienne pour se joindre aux rebelles.

Jean lepain, agé de 34 ans, né à lyon, dem. place grolié, boulanger, adjudant adjoint, contre rév.

François renoud, âgé de 43 ans, né à ville-franche, dem. rue confort, n°. 1, instituteur, contre-rév.

Amable jusserand, agé de 35 ans, né à riom, dem. à lyon, rue des trois-maries, n°. 17, marchand de bois, fusilier, contre révol.

Martin pipon, agé de 40 ans, né et dem. à lyon, rue merciere, garçon de boutique, fusilier, contre révol.

Claude milanais, agé de 19 ans, né et dem. à lyon, quai s. clair, sans état, fusilier caserné, contre révol.

Jean pierre riche, agé de 31 ans, né et dem. à lyon, rue des étrées, commis du receveur du district de la ville grenadier caserné, contre révol.

Pierre boulay, agé de 41 ans, né et dem. à lyon, rue s. george, ouvrier en soie, secrétaire des rebelles.

Jean françois bonamour, agé de 57 ans, né à neuville, dem. à lyon, rue sainte catherine, cultivateur, administrateur au dép. de rhône et loire, contre révol.

Antoine perrier, agé de 58 ans, né et dem. à lyon, rue de la vieille-monnoie, prêtre réfractaire à la loi.

Jacques dussurgey, agé de 45 ans, né à riveri, dép. de rhône, rue des forces, notaire, président de section, contre rév. ardent.

Claude clair, agé de 26 ans, né à renaison, dem. à lyon, rue des forces, chapelier, contre-rév. et suborneur pour faire sortir les prisonniers.

Michel clair, agé de 31 ans, né à renaison, dem. à lyon, quai des célestins, ci-devant perruquier, sous-lieutenant, contre révol.

Pierre guichard, agé de 38 ans, né et dem. à lyon, grande rue, n°. 17, passementier, capitaine, contre révol.

Antoine chambenil, agé de 60 ans, né à châtonnay, dep. de l'isere, dem. à noidieu, même dép., ouvrier en verre, espion pend. le siege.

Simon vichot, agé de 27 ans, né à paris, dem. à s. andré, dép. du doubs, garçon marchand de vin, chasseur à cheval, pris les armes à la main à la sortie.

François sillemaz, agé de 53 ans, né à belai, dép. de l'ain, dem. à lyon, rue perolerie, n°. 5, homme de loi, enragé contre rév.

François brac, né à lyon, dem. port s. jean, ci-devant cap. et ex-noble, contre rév.

Guillaume legrand, agé de 29 ans, né à aurillac, dép. du cantal, dem. à lyon, rue grenette, commis négociant, chasseur à cheval, pris les armes à la main.

Dominique bichon, agé de 26 ans, né à aurillac, dép. du cantal, dem. à lyon, rue des carmes, commis négociant, chasseur à cheval, pris les armes à la main.

Amédé desplaces, agé de 21 ans, né à faussigni, dép. du mont-blanc, dem. à lyon, rue des bouquetiers, commis toilier, grenadier, pris les armes à la main.

Jean baptiste charmy, agé de 29 ans, né à lyon, dem. rue bouteille, affaneur, fusilier caserné, contre révolutionnaire.

Jean pache, agé de 29 ans, né à lyon, dem. quai s. vincent, affaneur, fusilier caserné, contre révolutionnaire.

Jean fagé, agé de 46 ans, né à carcassonne, dem. à lyon, au grand théâtre, directeur du grand spectacle, contre révolutionnaire.

Pierre couture, agé de 28 ans, né à pont de l'arche, près rouen, dem. à lyon, rue de la convention, perruquier, fusilier caserné, cont. rév.

Philibert fayole, agé de 36 ans, né à macon, dem. à lyon, rue bouteille, affaneur, grenadier caserné, contre révolutionnaire.

Pierre martin, agé de 33 ans, né à lyon; dem. rue s. jean, commis huissier, fusilier, contre révolutionnaire.

Benoit pouloussel, agé de 36 ans, né à bevin, district de grenville, dem. à lyon, hôtel commun, charpentier, commiſſaire aux bombes, cont. révolutionnaire.

Louis lyon, agé de 31 ans, né à lyon, dem. à grande côte, ouvrier en soie, commandant de bataillon, contre révolutionnaire.

Jacques noël brillon, agé de 38 ans, né à lyon, dem. pierres plantées, traiteur, capitaine, contre-rév.

Louis turot, agé de 22 ans, né à tournus, dép. de saône et loire, dem. à lyon, quai s. benoit, huſſard dans le premier rég. ci-dev. comm. fusilier, contre rév. caserné pendant le siége.

Maurice turot, agé de 21 ans, né aussi à tournus, dem. à lyon, quai s. benoit, hussard dans le premier rég. ci-dev. comm. fusilier caserné pendant le siége.

François joseph maurice chavanel, agé de 38 ans, né à cairanne, ci-dev. comtat venaissin, dem. à lyon, place neuve, ci-dev. sect. de vitet, autrefois maire, contre révolutionnaire.

Claude blain, agé de 41 ans, né à lyon, dem. rue de l'arbalêtre, paveur, canonier et contre révolutionnaire.

Nicolas caffet, agé de 28 ans, né à lyon, dem. à grande côte, imprimeur, fusilier pris à la sortie les armes à la main.

Claude crozet, agé de 30 ans, né à lyon, dem. rue de la poulaillerie, tourneur, sergent, contre rév.

François bruchet, agé de 32 ans, né à chalons sur saône, dem. place de l'herberie, orfèvre, fusilier caserné, contre rév.

Aimé pascal, agé de 28 ans, né à lyon, dem. à turin, dép. du rhône, prêtre asiermenté, vicaire dudit lieu, contre rév., ayant pris un arrêté liberticide.

Baptiste dogé, agé de 37 ans, né à nancy, dem. place s. jean, domest. d'émigré et cont. rév.

Jean

Jean françois philipe tolance, âgé de 39 ans, né au puy en velai, dem. à turin, dép. du rhône, curé de turin, dem. à lyon, a pris et fait prendre des arrêtés liberticides.

Pierre bourget, agé de 25 ans, né à loy, dép. de l'ain. dem. quai s. vincent, garçon cafetier, canonier, contre révolutionnaire.

Claude ambroise reynard, agé de 53 ans, né à couzon, dép. du rhône, dem. rue bouteille, maréchal, sous lieutenant, contre rév.

François jaçon, agé de 46 ans, né à lyon, dem. rue lanterne, chapelier, commandant en second de bataillon, contre rév.

Joseph charton, agé de 39 ans, né à lyon, dem. rue desirée, apprêteur, grenadier caserné, contre rév.

Joseph grillet, agé de 44 ans, né à lyon, sans état, commissaire de police à la municipalité provisoire, contre rév.

Benoit treille, agé de 36 ans, né à lyon, dem. place s. jean, sans état, commis au district de la campagne de lyon pendant le siége, contre rév.

François per[illegible]d agé de 22 ans, né à montluel, dép. de l'ain, dem. à lyon place s. jean, cuisinier, contre rév.

Pierre mondore, agé de 20 ans, né à lyon, dem. rue s. jean, n° 166, musicien, officier, ex-noble contre rév.

Claude parmentié, agé de 45 ans, né à choisneſſances, près de sarbourg, dem. à lyon, place s. jean, menuisier, sous-lieutenant, contre rév.

Charles perrin, agé de 45 ans, né à plombiere, ci-dev. lorraine, dem. à lyon, rue s. jean, horloger, lieutenant contre rév.

Claude matthieu mercier, agé de 42 ans, né à lyon, dem. rue s. jean, pharmacien, porte-drapeau, contre rév.

Hubert gobin, agé de 67 ans, né à simon, en bas poitou, dép. de la vendée, dem. à lyon, place s. jean, serrurier, sous-lieut, contre rév.

Louis plantare, agé de 36 ans, né à lyon, dem. rue s. georges, ouvrier en soie, sous-lieutenant contre rev.

Pierre benoît morel, agé de 40 ans, né à cavisieu, dép. de l'isere, dem. à lyon, petite rue merciere, marchand toilier, contre rév.

François revol, agé de 58 ans, né à lyon, dem. rue pierre scize, marchand fayancier, juge de paix, contre rév. prévaricateur.

Baptiste burand, agé de 35 ans, né à angoulême, dem. à lyon, rue du plat, sellier, fusilier, contre rév.

Claude érard, agé de 42 ans, né à combofontaine, dép. de haute saône, dem. à lyon, rue de la pécherie, sans état, ci-dev. gendarme à pied, contre révolutionnaire.

François servié aîné, agé de 42 ans, né à lyon; dem. rue pierre-scize, tanneur, command. de bat. contre-rév.

Alexis revol, agé de 46 ans, né et dem. à lyon, rue pierre-scise marchand fayancier, commandant en second de bat. contre rév.

Michel millon, agé de 33 ans, né à chambéry; quai de la feuillée, dessinateur, sous-lieutenant, contre rév.

Pierre garel, agé de 26 ans, né à ville-cheneve, dép. de rhône et loire, rue tupin, n°. 15, marchand mercier, fusilier, contre-rév.

Paul neuville, agé de 54 ans, né à clermont, dép. du puy-de-dôme, rue merciere, embaleur, capitaine, contre-rév.

François gillard, agé de 40 ans, né à la guillotiere, au puy-pelu, marchand de meubles, sous-lieutenant contre-révolutionnaire.

Dominique Machique, agé de 37 ans, né á lyon, rue de la lune, balancier, sous-lieutenant, contre-rév.

Jacques-franç. dussurgey, agé de 39 ans, né à rivery, dép. de rhône, dem. à lyon, rue juiverie, avoué, ardent contre-révolutionnaire.

Baptiste forissier, agé de 36 ans, né à s. galmié en forêt montée du gourguillon, n°. 160, soldat, sergent des gendarmes à pied, contre-rév.

André cassignol, agé de 40 ans, né et dem. à lyon, rue pizai, courtier, fusilier, contre-rév.

Antoine bilet, agé de 30 ans, né et dem. à lyon, au collége, sous-bibliothécaire au collége, observateur des rebelles.

Joseph-antoine bovet, agé de 40 ans, né à auste, dép. du mont-blanc, au collége, sous-bibl. au collége, observateur des rebelles.

Louis-catherine lauras, agé de 58 ans, né à lyon, quai de marseille, rentier, ci-d. cap. d'inf. fusilier caserné, ex-noble, contre-révolutionnaire.

Michel maliquet, agé de 36 ans, né à s. romain en jarêt gourguillon, gendarme à pied, lieut. des gendarmes, contre-rév.

Balthazar-jean macors, agé de 47 ans, né à crêt, dép. de la drôme, dem. à lyon, place s. jean, notaire, contre-rév.

Denis rivier, agé de 41 ans, né à lyon, dem. rue chalier, gendarme à pied, brigadier des gendarmes, contre-rév.

Louis petit-lassal, agé de 33 ans, né à saint messan, dép. des deux sevres, gendarme à cheval, lieutenant des gendarmes, venu de feurs pour se joindre aux rebelles.

Ennemond pupier, agé de 28 ans, né à irigey, rue des fouétés, cabaretier, gendarme à pied, contre-rév.

Paulin benot, agé de 48 ans, né à fontaine, près commune-affranchie, place de roanne, ci-devant concierge des prisons de roanne, a participé à l'assassinat commis sur la personne d'hidins.

Antoine tossan, agé de 32 ans, né à lyon, dem. rue de la fédération, bourelier, adjud. sous-officier, contre-rév.

François-marie duplan, agé de 27 ans, né et dem. à lyon, rue merciere, boulanger, adjud. sous-officier, contre-rév.

Nicolas-rochard chapelle, agé de 40 ans, né et dem. à lyon, grande rue, cabaretier, grenadier caserné, contre-rév.

Nicolas gentit, agé de 40 ans, né à lyon, rue du petit david, cabaretier, sous-lieutenant, contre-rév.

Antoine marion, agé de 27 ans, né à lyon, dem. rue ste. catherine, commis négociant, chasseur à cheval sorti avec précy, pris les armes à la main.

François nouviat, agé de 50 ans, né à montpellier, rue chalier, n°. 77, colporteur, contre rév. ayant distribué des libelles.

Baptiste chapelat, agé de 31 ans, né à grenoble, rue de la pêcherie, chapelier, chasseur caserné, contre-révolutionnaire.

Etienne-hyacinte guillot, agé de 47 ans, né à neuville, dép. de l'ain, dem. à lyon, rue sala, rentier, sergent, contre-rév.

Jean baptiste torolié, agé de 19 ans, né à boën en forêt, rue gentit, n. 101, garçon perruquier, chasseur, contre-rév.

Antoine chassagnon, agé de 41 ans, né à lyon, rue de l'enfant qui pisse, négociant en épiceries, sous-lieutenant, contre-rév.

Certifié sincere & véritable par nous membres de la commission révolutionnaire.

Signé sur la minute, PAREIN, président.
LAFAYE aîné, BRUNIERE, FERNEX, & CORCHAND.

Collationné conforme à l'original,

BRECHET, secrétaire-greffier.

Fin de la troisième liste.

Suite des fusiliés & guillotinés dans la ci-devant ville de Lyon, depuis le 28 brumaire jusqu'au 2 frimaire.

Barthélemy-michel molin, âgé de 37 ans; né à jobe, près ambert, demeurant à riom, dép. du puy-de-dôme, ci-devant administrateur du puy-de-dôme, fédéraliste contre-rév.

Genet chauty, âgé de 45 ans, né à clermont, dép. du puy-de-dôme, dem. à clermont, cultivateur, procureur général syndic du dép. du puy-de-dôme, fédéraliste, contre-rév.

Jean-marie-louis dervieu, âgé de 20 ans, né à saint-étienne, dem. rue neuve, clincalier, canonier caserné, venu de st.-étienne pour se joindre aux rebelles.

Alexandre achard, âgé de 24 ans, né à serre, dép. des h. alp. dem. à la côte, n. 75, ouvrier en soie, chasseur caserné, contre-rév.

Simon andrillat, âgé de 70 ans, né à lyon, dem. rue de l'observance, tonnelier, commissaire surveillant, contre-révolutionnaire.

Michel richard, âgé de 22 ans, né à chaize-dieu, dép. de haute loire, dem. rue noire, garçon perruquier, fusilier caserné, contre-rév.

François abry, âgé de 23 ans, né à doucié, dép. du jura, dem. à lyon rue para, domestique du nommé meximieu, chasseur cas., cont.rév.

Jean abry, âgé de 21 ans, né à doucié, dép. du jura, dem. rue para, domestique du nommé henri, chasseur caserné, contre-rév. pris à la sortie les armes à la main.

François baland, âgé de 37 ans, né à chaina, près villefranche, dem. à montbrison, marchand épicier, venu de chaina se joindre aux rebelles.

Claude bon, âgé de 26 ans, né à lyon, dem. rue du bessard, rapeur de tabac, fusilier caserné, contre-rév.

Laurent bressan, âgé de 25 ans, né à villefranche, dem. à lyon, rue juiverie, garçon perruquier, caporal caserné, contre-rév.

Pierre cornillé, âgé de 36 ans, né à vierge, dép. du cher, dem. quai de la baleine, domestique d'un ci-devant noble, fusilier, pris à la sortie.

Jacques chalandon, âgé de 38 ans, né à trévoux, dép. de l'ain, dem. rue sala, tireur d'or, chasseur caserné, pris à la sortie.

Jean-bap.-ant. durand, âgé de 29 ans, né à s.-rambert-sur-loire, dem. au petit-change, n°. 78, clerc de notaire, chasseur caserné, pris à la sortie.

Alexis forel, âgé de 24 ans, né à s. félissien, dép. de l'ardêche, dem. à lyon, quai du rhône, domestique, chasseur caserné, pris à la sortie.

Jacques-antoine gabian, âgé de 33 ans, né à varal en italie, dem. à saint étienne, entrepreneur de bâtimens, canonier, venu de saint-étienne pour se joindre aux rebelles.

Pierre goulliond, agé de 22 ans, né et dem. à montbrison, garçon chandelier, correspondant des prêtres réfractaires et des émigrés.

Antoine guigoud, agé de 20 ans, né et dem. à lyon, rue de la barre, garçon épicier, fusilier, contre-révol.

Guy hutinel, agé de 21 ans, né à bois-de-bricar, dép. de la côte-d'or, dem. à lyon, rue des maronniers, garçon perruquier, chasseur caserné, contre-révol. pris à la sortie.

Joseph martin, agé de 34 ans, né à aix, dép. des bouches du rhône, rue juiverie, perruquier, chasseur caserné, contre-révol. pris à la sortie.

Louis mozé, agé de 19 ans, né à vigaud, dép. du gard, dem. à lyon, rue juiverie, garçon perruq. chasseur, cont. rév. pris à la sortie.

Jean baptiste orizet cadet, agé de 46 ans,

né à montbrison, dem. à lyon, rue juiverie, marchand drapier, fusilier pris à la sortie, venu de montbrison pour se joindre aux rebelles.

Marc pitar, agé de 24 ans, né et dem. à lyon, rue s. georges, chapelier, chasseur cont. révol. pris à la sortie.

Etienne rochette, agé de 33 ans, né à la guillotiere, dem. quai du rhône, fabricant de bas, sous-lieutenant, contre-révol.

Joseph dainval, agé de 20 ans, né et dem. à lyon, rue des bouquetiers, commis marchand, grenadier caserné, contre-révol.

Léonard bourlié, agé de 61 ans, né et dem. à lyon, place de la fédération, ex-noble, contre-révol.

Victor vatard, agé de 19 ans, né et dem. à lyon, à la grenette, sans état, grenadier caserné blessé à la sortie, contre-révol.

François-amable l'homme, agé de 31 ans, né à autun, dép. de saône et loire, dem. à lyon, rue de l'arbre sec, médecin, grenadier blessé aux avant postes, contre-révol.

Antoine doriel, agé de 51 ans, né et dem. à lyon, rue simonot, n°. 128, huissier du tribunal criminel, fusilier, contre-révol.

François bouvard, agé de 49 ans, né et dem. à lyo n, au puits-pelu, n°. 34, teneur de livres, canonier, contre-révolutionnaire.

Antoine chuard, agé de 22 ans, né et dem. à lyon, place de la charité, compagnon charpentier, fusilier caserné, contre-révol.

Jean claude cizeron, agé de 32 ans, né et dem. à lyon, rue chalier, libraire, sergent major, contre-révol.

Thomas raimond, agé de 26, ans, né à montbrison, dem. à lyon, quai s. vincent, garçon perruquier, canonier, contre-révol.

Louis duperret, agé de 42 ans, né et dem. à lyon, rue chalier, n°. 72, papetier, canonier, contre-révol.

Martin foletier, agé de 17 ans, né à monistrol, dép. de la haute-loire, dem. à lyon, rue s. jean, n°. 163, étudiant, fusilier, contre-révolutionnaire.

Charles paillot, agé de 31 ans, né à nuy, dép. de l'yonne, dem. à lyon, rue merciere, n°. 45, commis au dép., grenadier caserné, contre rév.

Louis ravet, agé de 34 ans, né à lignieu, dép. de loire, dem. à lyon, rue tramassac, épicier en détail, caporal caserné, contre-révolutionnaire.

Paul angélique ouël, agé de 27 ans, né et dem. à lyon, rue pierre-scize, potier en terre, grenadier, contre-révolutionnaire.

Pierre puy, âgé de 55 ans, né et domicilié à la croix-rousse, chandelier, caporal, contre-révolutionnaire.

Etienne praire, agé de 37 ans, né et demeurant à nulize, département du rhône, marchand, fusilier, venu de nulize pour se joindre aux rebelles.

Joseph poitou, âgé de 38 ans, né à loizy, département de saône et loire, demeurant rue chalier, coëffeur de femme, fusilier caserné, contre-révolutionnaire.

Annet l'espinasse, âgé de 43 ans, né et demeurant à mornan, département du Rhône, ci-devant notaire, fusilier, venu de mornan pour se joindre aux rebelles.

Antoine lacombe, âgé de 43 ans, né à sainte-foix-lès-lion, rue chalier, marchand de bas, commissaire-surveillant, contre-révolutionnaire.

Etienne poncet, âgé de 51 ans, né à montmerle, département de l'ain, rue belle-cordiere, ouvrier en soie, ci-devant frère capucin, contre-révolutionnaire.

Jean-baptiste poujol, âgé de 47 ans, né à lyon, rue chalier, ci-devant commissaire au département, sergent-major, contre-révolutionnaire.

Jean-laurent-girard rivoiron, âgé de 42 ans,

né à messimy, département de rhône et loire, quai de la balaine, ci-devant procureur, *idem.*

Michel sautot, âgé de 51 ans, né à saint-martin-du-vieux-belai, département de l'orne, rue de la charité, domestique de ci-devant noble, fusilier, *idem.*

Ferdinand tyran, âgé de 23 ans, né à brasse, département du var, demeurant rue de la charité, cuisinier, grenadier, *idem.*

François-marie trouillé, âgé de 25 ans, né à lyon, place de la fédération, rentier, canonnier, ex-noble, contre-révolutionnaire.

Antoine tripier, âgé de 47 ans, né à lyon, demeurant à l'observance, chandelier, sous-lieutenant, contre-révolutionnaire.

François varin-riverieu, âgé de 17 ans, né à lyon, demeurant rue saint-marcel, sans état, grenadier, ex-noble, contre-révolutionnaire.

Azarias vidal, âgé de 45 ans, né à avignon, demeurant rue raisin, n°. 36, marchand, fusilier, contre-révolutionnaire.

Charles roze, âgé de 41 ans, né à mirar en italie, demeurant à vaize, tailleur, commissaire-surveillant, *idem.*

Jean albert, âgé 42 ans, né à grenoble, département de l'isère, demeurant rue de la vieille, fabricant d'eau-forte, capitaine, *idem.*

Louis chanet, âgé de 53 ans, né à lyon, demeurant à côté des carmelites, jardinier, porte-drapeau, *idem.*

Jean-françois jourdan, âgé de 50 ans, né à monistrole, département de haute loire, demeurant à retournac, ci-devant conseiller au présidial du puy, contre-révolutionnaire, venu de son pays pour se joindre aux rebelles.

Jean gilbert aîné, âgé de 56 ans, né à lyon, demeurant rue fontaine, ex-négociant, président de section, contre-révolutionnaire.

Jean-françois goulu, âgé de 23 ans, né à châtelet, département du jura, demeurant rue gentit, commis de magasin, grenadier caserné, *idem.*

Pierre-antoine greppo, âgé de 49 ans, né à lyon, demeurant quai saint-vincent, marchand de blé, fusilier, accapareur, contre-révolutionnaire.

Antoine porte, âgé de 61 ans, né à lyon, demeurant à côté des carmelites, ci-devant négociant, commissaire-surveillant, *idem.*

Jean-jacques razy, âgé de 27 ans, né à lyon, rue saint-jean, n.o 113, clerc de notaire, caporal des canonniers, commissaire-surveillant, *idem.*

Pierre rey, âgé de 48 ans, né à saint-cyr au mont-d'or, demeurant rue saint-jean, avoué, *idem.*

César lafaye, âgé de 54 ans, né à lyon, demeurant rue saint-marcel, mesureur de blé, porte-drapeau.

Jean-marie tisseur, âgé de 38 ans, né à lyon, demeurant quai saint-benoît, grenadier caserné, *idem.*

Jean-baptiste bonnafous, âgé de 23 ans, né à turin en piémont, demeurant rue du bas d'argent, commis de magasin, canonnier, *idem.*

Antoine baudet, âgé de 31 ans, né à montluel, département de l'ain, demeurant petite rue turpin, n.° 1, marchand clincailler, sous-lieutenant, *idem.*

Claude baudet, âgé de 24 ans, né à montluel, petite rue turpin, *idem*, grenadier, *idem.*

Louis-françois barmon, âgé de 56 ans, né à lyon, demeurant rue chalier, ci-devant négociant, a fait du papier-monnoie pour les rebelles, au préjudice de la loi.

Jacques nanteuil, âgé de 26 ans, né à

lyon, demeurant rue du plat, n.o 7, clerc d'avoué, membre du comité de surveillance, *idem.*

Joseph cadot, agé de 32 ans, né à lyon, demeurant montée des grands capucins, faiseur de parasols, canonnier, *idem.*

Jean-marie chaix, agé de 43 ans, né à lyon, demeurant place de la boucherie de saint-paul, n.o 99, ci-devant prêtre assermenté, secrétaire de section, *idem.*

Antoine chassin, agé de 33 ans, né à lyon, demeurant rue du plat, ci-devant conseiller au parlement de paris, fusilier, *idem.*

Claude cochet, agé de 61 ans, né à martignet, département de l'ain, demeurant rue bourchanin, faiseur de bas, commissaire-surveillant, *idem.*

Claude esparet, agé de 40 ans, né à lyon, demeurant rue lainerie, n.o 92, architecte, commissaire surveillant, *idem.*

Etienne alumbert, agé de 56 ans, né à lyon, demeurant place des pénitens de la croix, marchand de bas, canonnier, *idem.*

François-rené auriol, agé de 44 ans, né à lyon, demeurant quai de rez, négociant, fusilier, *idem.*

Antoine curty, agé de 57 ans, né à lyon, demeurant

demeurant place de la croix-paques, fabricant en soie, commissaire-surveillant, *idem.*

Joseph-dominique bergasse, agé de 45 ans, né à lyon, demeurant rue lafont, commissionnaire chargeur, fusilier, *idem.*

Jean-françois catelain, agé de 63 ans, né à chambéry, demeurant grande rue mercière, miroitier, receveur de section pour les rebelles, *idem.*

André goirand, agé de 39 ans, né à lyon, quai de rez, n.o 19, marchand commissionnaire, membre du comité de surveillance, *idem.*

Benjamin robert, agé de 33 ans, né à gallion, département de l'ionne, demeurant rue des deux angles, n.o 22, étudiant en médecine, vice-président de section, ayant porté les armes, *idem.*

Guillaume moulin, agé de 62 ans, né à boureille, département de l'ardèche, demeurant place grenouille, fripier, commissaire aux prisons, et surveillant.

Jean brachet, agé de 44 ans, né à roustan, département de la drôme, demeurant petite rue de turpin, toilier, membre du comité de surveillance, *idem.*

Antoine moinnecourt, agé de 38 ans, né

à lyon, demeurant rue grenette, marchand de mouchoirs, capitaine des canonniers et commissaire aux prisons, *idem.*

Benoit bédor, agé de 55 ans, né à lyon, demeurant rue de la vieille-monnoie, n.° 55, ouvrier en soie, président du comité de surveillance, *idem.*

Pierre dupaquet, agé de 63 ans, né à hienne, département du mont-blanc, demeurant rue longue, n.° 90, marchand drapier, correspondant des émigrés, *idem.*

Jean-baptiste brossat, agé de 52 ans, né à moiran, département de l'isere, demeurant rue de clermont, marchand drapier, quartier-maître des rebelles, *idem.*

Jean-françois buys, agé de 66 ans, né à givors, demeurant rue saint-étienne, sans état, lieutenant de la gendarmerie du département, venu de saint-étienne pour se rendre aux rebelles.

Jean bernard, agé de 44 ans, né à lyon, demeurant rue la vieille-monnoie, brodeur, fusilier, contre-révolutionnaire.

Roch-marie-vital fougon, dit maison-forte, agé de 61 ans, né à lyon, demeurant place de la fédération, fusilier, ex-noble, contre-révolutionnaire.

Charles-rené gras préville, agé de 62 ans, né à tarascon, département des bouches du rhône, demeurant rue sainte-héleine, capitaine de vaisseau, *idem*.

Pierre menissier, agé de 32 ans, né à lyon, demeurant rue saint-côme, pharmacien, canonnier, contre-révolutionnaire.

Jean-pierre moulin, agé de 46 ans, né à lyon, demeurant rue du raisin, fabricant de boucles, lieutenant, membre du comité de surveillance, *idem*.

Raimond razuret, agé de 49 ans, né à lyon, demeurant rue saint-marcel, ouvrier en soie, grenadier pris les armes à la main, *idem*.

Pierre robert, agé de 41 ans, né à sallan, département du puy-de-dôme, demeurant rue de la vieille, principal journalier aux fourrages, fournisseur de foin aux cavaliers rebelles, *idem*.

Claude roland, agé de 38 ans, né à lyon, demeurant rue juivrie, grammairien, commissaire-surveillant, *idem*.

Jean-baptiste simon, agé de 32 ans, né à lyon, demeurant boucherie de saint-paul, faiseur de bas, sous-lieutenant des rebelles, *idem*.

Claude bergeret, agé de 40 ans, né à lyon, demeurant rue de la prêcherie, marchand de bas, grenadier caserné, *idem.*

Louis besson, agé de 42 ans, né à lyon, demeurant rue du plat, n.o 7, ferblantier, *idem.*

Jean-baptiste bernard, agé de 44 ans, né à lyon, demeurant boucherie de saint-paul, marchand boucher, dévastateur du club de commune-affranchie.

Pierre bofferding, agé de 32 ans, né à wissembourg, département du haut rhin, demeurant place des carmes, coëffeur de femmes, grenadier, contre-révolutionnaire.

Claude chalendon, agé de 62 ans, né à saint-simphorien d'anselme, département de rhône et loire, demeurant petite rue longue, marchand toilier, *idem.*

Jean chalmette, agé de 41 ans, né à lyon, demeurant rue saint-joseph, sans état, fusilier, *idem.*

Jean-guillaume fromental aîné, agé de 53 ans, né à lyon, demeurant rue du charbon blanc, notaire, agent des émigrés, et contre-révolutionnaire.

Clément fanchon, agé de 37 ans, né à lyon

demeurant rue bonneveau, boutonnier, grenadier, contre-révolutionnaire.

Joseph-marie fontaine, agé de 50 ans, né à banjere, département du mont-blanc, demeurant près saint-iréné, instituteur, capitaine, *idem.*

Jacques gabet, agé de 28 ans, né à lyon, demeurant grande rue, guimpier, grenadier, *idem.*

Robert-nicolas montelier, agé de 55 ans, né à lyon, demeurant rue lainerie, n.° 88, notaire, trésorier pour l'armée des rebelles, *idem.*

Jean-françois-nicolas gamel, agé de 35 ans, né à carcassone, département de l'aude, demeurant rue puit-gaillot, marchand fabricant, grenadier, *idem.*

Christophe dejussieu, agé de 40 ans, né à saint-julien sur guignon, demeurant rue des farges, apprentif pharmacien, fusilier, *idem.*

Jérôme lemyre, agé de 40 ans, né à lyon, demeurant rue neuve, papetier, *idem.*

Etienne peilleu, agé de 39 ans, né à lyon, rue merciere, commis tireur d'or, canonnier, *idem.*

Benoît mariétan, agé de 65 ans, né à lyon, demeurant rue tramassac, rentier, *idem.*

Louis-antide chafoi, ex-noble, âgé de 32 ans, né à besançon, département du doubs, place de la charité, grenadier, ex-noble, contre-révolutionnaire.

Antoine roquette, agé de 43 ans, né à taire, département du gers, quartier saint-clair, barbier, fusilier, dénonciateur des clubistes.

Jean-françois valellion, agé de 59 ans, né à lyon, département du rhône, quai saint-vincent, voiturier sur la riviere, secrétaire de section, contre-révolutionnaire.

Michel bonnard, agé de 43 ans, né à nîmes, département du gard, grande côte, ouvrier en soie, grenadier, *idem.*

Etienne basset, agé de 62 ans, né à cluny, département de saône et loire, rue saint-chaume, ci-devant commissaire à terrier, agent des ci-devant nobles, venu de saint-chaumont pour se joindre aux rebelles.

Jean dufour, agé de 60 ans, né à hougat en gascogne, rue de la vieille-monnaie, chirurgien, chirurgien-major des rebelles, contre-révolutionnaire.

François lupin, agé de 42 ans, né à lyon, département du rhône, quartier saint-clair, fabricant de gaze, membre du comité de surveillance, royaliste et contre-révolutionnaire.

Joseph-antoine garcin, agé de 39 ans, né à grenoble, département du gard, rue de la vieille-monnaie, n° 11, commis fabricant, caporal des grenadiers rebelles, contre-révolutionnaire.

Joseph arbaud, agé de 35 ans, né à lyon, département du rhône, demeurant rue pizay, trasseur, sous-lieutenant, *idem.*

Pierre baronat, agé de 40 ans, né à lyon, département du rhône, quai saint-antoine, batelier, caporal des grenadiers, *idem.*

Henri cuzin, agé de 22 ans, né à lyon, département du rhône, port saint-paul, n° 110, chapelier, caporal des grenadiers, *idem.*

Gabriel maine, âgé de 35 ans, né à lyon, département du rhône, rue saint-Joseph, chapelier, chasseur à cheval, *idem.*

Simon mazet, agé de 33 ans, né à lyon, département du rhône, rue de l'arbre-sec, emballeur, capitaine, *idem.*

Claude martinon, agé de 45 ans, né à hucasset, département des hautes alpes, rue quatre-chapeaux, marchand clincailler, contre-révolutionnaire, et marchand d'argent.

François dupin, âgé de 45 ans, né à satilieu, département d. rue de l'ardèche, l'arbrêle, près lyon, sans état, maréchal-des-logis de la gendarmerie, venu de l'arbréle pour se joindre aux rebelles.

Joseph-louis dupont, agé de 51 ans, né à chalet, département de l'ain, demeurant à saint-bonnet-le-chateau, brigadier, venu de saint-bonnet pour se joindre aux rebelles.

Joseph marvidès, agé de 42 ans, né à metz, département de la mozelle, demeurant à feur, près lyon, *idem*, venu de feur pour se joindre aux rebelles.

Joseph favrot, agé de 55 ans, né à bois-d'ouin, département de rhône et loire, demeurant à condrieu, *idem*, venu de condrieu pour se joindre aux rebelles.

Philippe roger, agé de 43 ans, né à condrieu, département du rhône, demeurant à tarare, sans état, brigadier de gendarmerie, venu de tarare pour se joindre aux rebelles.

Guillaume videl, agé de 48 ans, né à brioude, département de haute loire, d. rue saint-jean, *idem*, brigadier de la gendarmerie à cheval de lyon, contre-révolutionnaire.

Aimé blanchard, agé de 53 ans, né à lyon, département du rhône, d. rue des anges, *idem*, *idem*, *idem*.

Jean-marie féti, agé de 49 ans, né à lyon,

département du rhône, d. rue de la boucherie, *idem*, *idem*, *idem*.

Antoine marc, agé de 36 ans, né à millery, département du rhône, rue écorche-bœuf, *idem*, *idem*, *idem*.

Pierre eugène, agé de 45 ans, né à jon, district de ville-franche, d. rue saint-george, *idem*, *idem*, *idem*.

Joseph bonnère, agé de 40 ans, né à saint-savin, département de l'isere, d. rue saint-héleine, *idem*, *idem*, *idem*.

Jean-baptiste favre, agé de 42 ans, né à lyon, département du rhône, d. quai saint-antoine, sans état, maréchal-des-logis de la gendarmerie à pied, *idem*.

Joseph labattet, agé de 35 ans, né à geneve, quai de rez, indienneur, canonnier, *idem*.

Jacques george, dit gabriel, agé de 43 ans, né a saint-paul, distrit de mont-brison, d. rue tramassac, commis au département, fusilier, contre-révolutionnaire condamné à mort et non exécuté, attendu son évasion.

George felissant, agé de 18 ans, né à lyon, département du rhône, d. quai de rez, commis voyageur, chasseur à cheval, *idem*.

Bernard-barth poral, agé de 36 ans, né à

puy, département de haute loire, d. place saint-nizier, marchand drapier, canonnier, *idem.*

Jean-françois vincent, agé de 44 ans, né à lyon, département du rhône, d. rue la fronde, n° 88, ci-devant visiteur des rôles, contre-révolutionnaire.

Isaac-coste jordan, agé de 52 ans, né à lyon, département du rhône, d. rue romarin, marchand de soie, juge de paix, contre-révolutionnaire, prévaricateur, condamné à mort et non exécuté, attendu son évasion.

Jean-françois dufour, agé de 50 ans, né à chambéry, département du mont-blanc, d. faubourg saint-clair, marchand brodeur, caporal, contre-révolutionnaire, condamné à mort et non exécuté, attendu son évasion.

Mathieu neples, agé de 34 ans, né à lyon, département du rhône, rue tavernier, ouvrier en soie, sous-lieutenant, *idem.*

Jean-baptiste menard, agé de 48 ans, né à lyon, département du rhône, rue de la poulaillerie, négociant en draperie, *idem.*

Antoine margaron, agé de 42 ans, né à lyon, département du rhône, place des cordeliers, marchand de gaze, commandant de bataillon, *idem.*

Charles guinat, agé de 43 ans, né à lyon,

département du rhône, d. faubourg de la croix-rouge, ouvrier en soie, notable, contre-révolutionnaire.

Jacques vissaguet, âgé de 32 ans, né à st.-paul, demeurant à mont-brison, marchand de sel, venu de mont-brison pour se joindre aux rebelles, condamné à mort et non exécuté, attendu son évasion.

André-marie olivier, ex-noble, âgé de 61 ans, né et demeurant à lyon, place de la fédération, rentier, ex-noble, contre-révolutionnaire.

Benoît Couchoud, âgé de 61 ans, né à st-paul en jarêt, demeurant à st-paul, cultivateur, guide des rebelles, *idem*, condamné à mort et non exécuté, attendu son évasion.

Pierre couchoud, âgé de 24 ans, *idem.*

Pierre-antoine barroud, dit dusoleil, âgé de 52 ans, né à paris, d. rue st-joseph, ci-devant procureur du roi, président de section, contre-révolutionnaire.

François tabard, âgé de 22 ans, né et demeurant à lyon, rue de la gerbe, plieur de soie, canonnier, contre-révolutionnaire.

Pierre-françois dubreuil, dit ste-croix, âgé de 74 ans, né à montluel, département de l'ain, demeurant rue sala, rentier, ex-noble, contre-révolutionnaire.

Nicolas dussurgey, âgé de 27 ans, né et demeurant à mornan, quai saint-clair, fabricant de gaze, canonnier, contre-révolutionnaire.

Benoît puy, âgé de 34 ans, né et demeurant à lyon, rue puit du sel, ouvrier en soie, grenadier, contre-révolutionnaire.

Marc-antoine-bernard morisot, âgé de 31 ans, né et demeurant à dijon, rue poulaillerie, n°. 125, marchand toilier, contre-révolutionnaire.

Pierre mégi, âgé de 30 ans, né et demeurant à salon, département des bouches du rhône, rue puit du sel, n°. 6, perruquier, caporal des grenadiers, contre-révolutionnaire.

Joseph dufraine, âgé de 33 ans, né et demeurant à crémieu, département de l'isère, rue palais-grillé, épicier, grenadier, contre-révolutionnaire.

Jacques-joseph poquat, âgé de 38 ans, né et demeurant à lyon, rue grôlée, n°. 1, cabaretier, fusilier caserné, contre-révolutionnaire.

Jean-marie gaudin, âgé de 49 ans, né et demeurant à lyon, rue st-dominique, rentier, fusilier, contre-révolutionnaire.

Pierre collot, âgé de 57, né et demeurant à

lyon, place st-claire, n°. 28, commis-fabricant, fusilier, contre-révolutionnaire.

Camille clericot, âgé de 20 ans, né et demeurant à lyon, rue des feuillans, commis de magasin, fusilier, contre-révolutionnaire.

Pierre-alexis bonnet, âgé de 18 ans, né et demeurant à lyon, rue lanterne, commis de magasin, fusilier, contre-révolutionnaire.

Joseph-henri lambert, ex-noble, âgé de 59 ans, né et demeurant à lyon, petite rue des feuillans, commissionnaire, ex-noble, contre-révolutionnaire.

Pierre clericot, ex-noble, âgé de 51 ans, né et demeurant à lyon, rue des feuillans, n°. 50, agriculteur, ci-devant conseiller à la sénéchaussée de lyon, membre de la commission militaire, contre-révolutionnaire.

Jean clericot, âgé de 22 ans, né et demeurant à lyon, rue des feuillans, commis négociant, ex-noble, contre-révolutionnaire.

Louis-pierre-magloire laurancet, âgé de 26 ans, né et demeurant à lyon, rue des bouchers, commis-fabricant, fusilier, contre-révolutionnaire.

François violet, âgé de 60 ans, né à chambéry, d. rue pisay, ci-devant négociant, membre de la commission militaire, contre-révolutionnaire.

Pierre thiéry, âgé de 24 ans, né à lyon demeurant à grande-côte, ouvrier en soie, fusilier, contre-révolutionnaire.

Jean-baptiste gougé, âgé de 56 ans, né et demeurant à bayonne, rue clermont, marchand de soie, contre-révolutionnaire, a donné 5,300 liv. pour les frais du siége.

Claude bruyset, dit monevieux, ex-noble, âgé de 36 ans, né et demeurant à lyon, rue du plat, rentier, caporal des rebelles, contre-révolutionnaire.

Louis lagrive, âgé de 42 ans, né et demeurant à lyon, quai du rhône, marchand fabricant, contre-révolutionnaire, a donné 6,000 liv. pour les frais du siége.

Jean artaud, âgé de 23 ans, né et demeurant à lyon, rue puit gaillot, commis négociant, grenadier, contre-révolutionnaire.

Antoine chaix, âgé de 62 ans, né à gap, département des hautes alpes, rue de la convention, marchand de bas, contre-révolutionnaire, a donné 600 liv. pour les frais du siége.

George manechal, âgé de 49 ans, né et demeurant à lyon, rue de la convention, rentier, contre-révolutionnaire, a donné 800 pour les frais du siége.

Barthélemy passot, âgé de 53 ans, né à moirant, département du jura, demeurant rue des deux angles, marchand fabricant, fusilier, contre-révolutionnaire.

Jean-claude albert, âgé de 35 ans, né et demeurant à lyon, rue turpin, marchand clincailler, contre-révolutionnaire, agioteur.

Joseph vernon, âgé de 51 ans, né et demeurant à lyon, rue bas d'argent, rentier, contre-révolutionnaire, a donné 1,000 liv. pour les frais du siége.

Pierre fleur-de-lys, âgé de 27 ans, né et demeurant à lyon, rue de la gerbe, commis voyageur, fusilier, contre-révolutionnaire.

Mathieu gachet, âgé de 38 ans, né et demeurant à lyon, rue de la côte, mercier, contre-révolutionnaire, réfractaire à la loi.

Jean-henri david, âgé de 58 ans, né à st-claude, département du jura, demeurant à la monnaie, commis à la monnaie, contre-révolutionnaire, ayant fondu des lingots d'argent pour les rebelles lors de la sortie.

Angélique-élisabeth duvernay, âgé de 42 ans, né et demeurant à lyon, cul-de-sac de l'arsenal, rentier, officier-municipal provisoire, contre-révolutionnaire.

Dominique vouty, âgé de 68 ans, né à lyon, demeurant cuir-la-croix-rousse, rentier, contre-révolutionnaire, a donné 8,000 liv. pendant le siége.

Jean-baptiste fisicat, ci-devant baron, âgé de 64 ans, né à lyon, demeurant à st-genis-laval, rentier, ex-noble, approvisionnaire des rebelles.

Pierre gubian, âgé de 46 ans, né à briguais, demeurant rue lainerie, fabricant de bas, sergent-major, contre-révolutionnaire.

Claude danguin, âgé de 42 ans, né à st-laurent-d'oin, département du rhône, demeurant grande rue, cabaretier, caporal, contre-révolutionnaire.

Louis jome, âgé de 37 ans, né à lunel, district de montpellier, demeurant en vaise, perruquier, fusilier, contre-révolutionnaire.

François brét, âgé de 48 ans, né à grenoble, demeurant place du grand collége, bouquiniste, membre du comité de surveillance, contre-révolutionnaire.

François michalet, âgé de 42 ans, né à lyon, demeurant grande côte, ouvrier en soie, royaliste, contre-révolutionnaire.

Léonard roux, âgé de 68 ans, né et demeurant

rant à lyon, rue de la convention, architecte, ci-devant secrétaire du roi, contre-révolutionnaire, a donné 6,000 liv. pour soutenir le siége.

Joseph jouti, âgé de 33 ans, né et demeurant à lyon, quai st-vincent, rentier, lieutenant des grenadiers, secrétaire du comité de surveillance, contre-révolutionnaire.

Claude-antoine chevassu, âgé de 45 ans, né à saint-claude, département du jura, demeurant à la croix-rousse, instituteur, membre du congrès départemental, contre-révolutionnaire.

Jean-françois vincent, âgé de 60 ans, né à lyon, demeurant à la guillotière, manufacturier, membre du comité militaire, contre-révolutionnaire.

François-marie revilly, âgé de 40 ans, né et demeurant à lyon, rue vaubecourt, ouvrier en soie, caporal, commissaire surveillant, contre-révolutionnaire.

Marie [illegible]ère, femme de sébastien cochet, âgée de 27 ans, née à beaujeu, district de villefranche, dèmeurant place grenouille, papetière, fusilier, habillée en homme, a porté les armes déguisée en homme, et dit que si elle pouvoit égorger dubois-crance, elle le feroit avec plaisir.

Joseph-marie vachon, âgé de 55 ans, né et demeurant à lyon, quai saint-clair, rentier, membre du comité de surveillance, contre-révolutionnaire.

Claude bernard, âgé de 53 ans, né et demeurant à lyon, quai saint-clair, marchand brodeur, membre du comité de surveillance, contre-révolutionnaire.

Théofrede sauron, âgé de 31 ans, né à puy en velai, département de haute loire, demeurant rue des augustins, tailleur, commissaire aux prisons et de la permanence, contre-révolutionnaire.

François novet, âgé de 59 ans, né à bessenay, département de rhône et loire, demeurant rue de la gerbe, marchand ferratier, membre du comité de surveillance, contre-révolutionnaire.

Etienne figot, né à novalèze, département du mont-blanc, demeurant quai du rhône, ouvrier en soie, fusilier, contre-révolutionnaire, dénonciateur de Chalier.

Dominique bourdelin, âge de 36 ans, né et demeurant à lyon, rue saint-jean, homme-de-loi, contre-révolutionnaire, a rempli les fonctions de commissaire national à lyon après le 29 mai dernier, et a persécuté les patriotes.

Gaspard mougin, âgé de 36 ans, né à prequé, département de haute saône, demeurant rue pisai, marchand fabricant, lieutenant, officier municipal provisoire, contre-révolutionnaire.

Joseph ainard, âgé de 60 ans, né à bourg, département de l'ain, d. rue buisson, marchand drapier, président de section, contre-révolutionnaire.

Claude-andré faucheux, âgé de 53 ans, né à lyon, demeurant rue férandière, imprimeur-libraire, vice-président de section, contre-révolutionnaire.

Antoine donat, âgé de 27 ans, né à lyon, demeurant à saint-just, ci-devant marchand de parchemin, membre du comité de surveillance, contre-révolutionnaire.

Joseph-durus beaupré, âgé de 45 ans, né à lyon, demeurant quai de rez, fourrier des ci-devant échevins de lyon, commissaire de police pendant le siége, contre-révolutionnaire.

Jean-pierre cannonville, âgé de 44 ans, né et demeurant à lyon, place neuve de la liberté, marchand chapelier, trésorier de la section, contre-révolutionnaire.

Thomas-merle castillon, né à d'éguillon, département de lot et garonne, rue écorche-bœuf, prêtre rentier, prêtre réfractaire à la loi, contre-révolutionnaire.

Pierre-antoine lebrumat, âgé de 31 ans, né à nantua, département de l'ain, demeurant rue desirée, ci-devant prêtre, prêtre réfractaire à la loi, contre-révolutionnaire.

Certifié sincere et véritable par nous membres de la commission révolutïonnaire.

Signé sur la minute, **PAREIN**, *président*, **LAFAYE**, aîné, **BRUNIERE**, **FERNEX** et **CORCHAND**.

Collationné conforme à l'original,
BRECHET, *secrétaire-greffier*.

Suite de la Liste de fusiliés et guillotinés dans la ci-devant ville de Lyon, depuis les 16, 18, 19, 20, 21, 23 et 25 frimaire.

Claude dubost, agé de 45 ans, né et demeurant à lyon, place saint-dizier, horloger, sous-lieutenant, contre-révolutïonnaire.

Philibert-claude nesple, agé de 35 ans, né et demeurant à lyon, quai saint-vincent, ouvrier en soie, caporal, contre-révolutionnaire.

Léonard audouard, agé de 24 ans, né et demeurant à lyon, rue la font, cafetier, fusilier, contre-révolutionnaire, a fait la campagne du forez.

Antoine-alexandre rey, agé de 35 ans, né à valence, département de la drôme, demeurant rue du plat, n°. 8, rentier, grenadier, contre-révolutionnaire.

Fleuri-zéphirain moyal, agé de 38 ans, né et demeurant à lyon, place de la fédération, rentier, fusilier, a donné 600 liv. pour les frais du siége.

Jean-jacques-mathieu mons, agé de 41 ans, né et demeurant à lyon, faubourg de vaise, instituteur, sergent-major, contre-révolutionnaire.

Benoît carteron, agé de 36 ans, né à montbrison, demeurant à basse en basset, département de haute loire, notaire, grenadier, contre-révolutionnaire venu de son domicile pour se joindre aux rebelles.

Jean-françois dumas, agé de 18 ans, né à mâcon, demeurant à châlons-sur-saône, commis au bureau des coches, chasseur à pied caserné, contre-révolutionnaire.

François boucharlat, agé de 37 ans, né à oulin, près lyon, demeurant petite rue gentit, cabaretier, canonnier, contre-révolutionnaire.

Jacques tamiset, agé de 29 ans, né à châlons-sur-saône, perruquier, fusilier, contre-révolutionnaire.

Jacques guirander, agé de 42 ans, né et demeurant à lyon, rue sainte-catherine, marchand fabricant d'étoffe de soie, fusilier, contre-révolutionnaire.

Antoine moinié, agé de 64 ans, né à champoulliou, demeurant rue clermont, marchand épicier, contre-révolutionnaire, a donné 16,600 liv pour soutenir le siége.

Pierre plasson, agé de 21 ans, né et demeurant à lyon, rue bouteille, marchand sur la rivière, grenadier, contre-révolutionnaire.

Jean-baptiste durozet, agé de 21 ans, né à changi, département de loire, demeurant rue des prêtres, chapelier, grenadier, contre-révolutionnaire.

François-claude bouliou, dit changieu, ex-noble, agé de 21 ans, né à saint-genis-laval, demeurant à saint-genis, chasseur à cheval, contre-révolutionnaire.

Jacques môle, agé de 23 ans, né et demeurant à saint-étienne, soldat, lieutenant, contre-révolutionnaire, venu de saint-étienne pour se joindre aux rebelles.

André tomassin, agé de 46 ans, né et demeurant à lyon, place de l'égalité, coutelier, sergent, contre-révolutionnaire, ayant persécuté les patriotes.

Alexandre rominville, agé de 38 ans, né et demeurant à lyon, rue buisson, chanteur au spectacle, sous-lieutenant des canonniers, contre-révolutionnaire.

Jacques blanc, agé de 34 ans, né à montromain, département de rhône et loire, demeurant rue henri, épicier, lieutenant, contre-révolutionnaire.

Jean-baptiste gubian, agé de 33 ans, né et

demeurant à lyon, rue sainte-catherine, marchand négociant, grenadier caserné, contre-révolutionnaire.

François montvert, agé de 23 ans, né et demeurant à lyon, rue saint-dominique, agriculteur, chasseur à cheval, contre-révolutionnaire.

Jean mariotte cadet, âgé de 32 ans, né à saint-léger, département de la côte d'or, demeurant rue buisson, commis marchand, fusilier, contre-révolutionnaire, ayant chez lui des munitions.

Michel duon, agé de 35 ans, né et demeurant à lyon, faubourg saint-clair, dessinateur, sous-lieutenant, contre-révolutionnaire.

Jacques puy, agé de 46 ans, né et demeurant à la croix-rousse, epicier, caporal, contre-révolutionnaire.

Dominique defrechou, agé de 58 ans, né à simor, département du gers, demeurant place de la trinité, chirurgien, secrétaire de section, et juré de jugement, contre-révolutionnaire.

Jean-pierre comby, âge de 41 ans, né à saint-irénée, département de rhône et loire, demeurant au bas quai, vigneron, fusilier, contre-révolutionnaire.

Ferdinand vanier, agé de 59 ans, né à bourg, département de l'ain, demeurant à la croix-rousse, chirurgien, chirurgien-major de précy, contre-révolutionnaire.

Etienne bessené, agé de 52 ans, né à duerne-

près iséron, demeurant à la croix-rousse, cabaretier, lieutenant, contre-révolutionnaire.

Jean-françois-xavier roux, agé de 53 ans, né à aix, département des bouches du rhône, demeurant à sainte-foix-lès-lions, prêtre, prêtre réfractaire à la loi, contre-révolutionnaire.

Balthazard vigne, agé de 60 ans, né à mornas, département de vaucluse, demeurant rue sainte-marie-des-terreaux, ci-devant notaire, fusilier, venu de mornas pour se joindre aux rebelles.

Paul avinal, agé de 41 ans, né à lyon, demeurant à montpellier, ecclésiastique, contre-révolutionnaire, venu de la vendée.

Simon chabou, agé de 30 ans, né et demeurant à lyon, rue neiret, nº. 45, faiseur de navettes, sous-lieutenant, contre-révolutionnaire.

Jean-françois chol, agé de 27 ans, né et demeurant à lyon, rue pierre-scize, capitaine, faiseur de bas, contre-révolutionnaire.

Pierre-alexis pelin, agé de 62 ans, né à lyon, demeurant à la croix-rousse, prêtre, prêtre réfractaire à la loi, contre-révolutionnaire.

Simon cotton, agé de 51 ans, né à lyon, demeurant à irigny, prêtre, prêtre réfractaire à la loi, contre-révolutionnaire.

Jean-baptiste piatet, agé de 36 ans né à

lyon, demeurant près la boucherie des terreaux, secrétaire de section et juré de jugement, prêtre réfractaire à la loi, contre-révolutionnaire.

Pierre-françois-gabriel grassot, agé de 40 ans, né et demeurant à lyon, quai saint-clair, rentier, ci-devant conseiller en sénéchaussée, membre du comité des subsistances, contre-révolutionnaire.

Gabriel-claude servant, âgé de 45 ans, né à lyon, département du rhône, d. rue de la gerbe, rentier, membre du conseil du département de rhône et loire, contre-révolutionnaire.

Léonard riviere, âgé de 43 ans, né à lyon, département du rhône, d. rue pierre-scize, compagnon faiseur de bas, grenadier, *idem.*

André pallu, âgé de 31 ans, né à lyon, département du rhône, d. place neuve des terreaux, n° 20, instituteur, contre-révolutionnaire, ayant déposé contre le patriote Chalier.

Jacques bouvard, âgé de 54 ans, né à lyon, département du rhône, d. rue-saint-pierre, rentier, président de section, contre-révolutionnaire.

Louis pelon, âgé de 60 ans, né à vigaud,

département du gard, d. rue buisson, drapier; adjoint au comité de surveillance, *idem.*

Jean-françois estauran, âgé de 41 ans, né à paris, département de paris, d. place des terreaux, rentier, ci-devant prêtre, président de section, *idem.*

Barthélemy colomb, âgé de 57 ans, né à lyon, département du rhône, d. rue pizai, rentier, adjoint au comité de surveillance, *idem.*

Jean-joseph cinier, âgé de 68 ans, né à ville-franche, département de rhône et loire, d. rue juiverie, ci-devant homme de loi, contre-révolutionnaire, a donné 600 livres pour les frais du siége.

Benoît labrude, âgé de 33 ans, né à châtillon, département des vosges, d. à fourviere, instituteur, secrétaire de section; contre-révolutionnaire.

François joli-clerc, ex-noble, âgé de 45 ans, né à lyon, département du rhône, d. rue du bœuf, rentier, ex-noble, contre-révolutionnaire.

Aimé-Julien rigaud, dit de terre-basse, ex-noble, âgé de 67 ans, né à lyon, département du rhône, d. place de la charité, rentier, *idem.*

Claude-aimé vincent, ex-noble, âgé de

59 ans, né à saint-étienne, département de rhône, d. place de la charité, banquier, *idem.*

Philippe bissuel, âgé de 59 ans, né à lyon, département du rhône, d. rue griffon, marchand fabricant, membre du comité de surveillance, contre-révolutionnaire.

Jacques delorme, âgé de 61 ans, né à grézieu, département de rhône, d. quai de rez, chapelier en gros, commissaire surveillant, contre-révolutionnaire, a donné 1,800 livres pour les frais du siége.

Pierre fraisse, âgé de 63 ans, né à lyon, département du rhône ; d. rue de la gerbe, ci-devant chanoine, prêtre réfractaire à la loi, contre-révolutionnaire.

François vincent, âgé de 57 ans, né à lyon, département du rhône, d. place des terreaux, rentier, membre du conseil de surveillance, contre-révolutionnaire.

Philippe perillat, âgé de 28 ans, né à lyon, département du rhône, d. rue de la convention, marchand fabricant, contre-révolutionnaire, a donné 1,500 livres pendant le siége.

Michel charbonnier, âgé de 37 ans, né à lyon, département du rhône, d. place du plâtre, marchand de boutons, commandant en second, contre-révolutionnaire.

François honoré lefevre, âgé de 41 ans, né à lyon, place de la bal. n° 37, menuisier, capitaine des canonniers, *idem.*

Antoine philibert deveau, âgé de 27 ans, né à fornoux, département de saône et loire, d. à fornoux, tisserand, fusilier, contre-révolutionnaire pris à la sortie les armes à la main.

Paul andré, âgé de 23 ans, né à marseille, département des bouches du rhône, d. rue du plat, commis négociant, fusilier, contre-révolutionnaire, venu à lyon pour se joindre aux rebelles.

Jean-marie dassin, âgé de 44 ans, né à autun, département de saône et loire, place confort, fourbisseur, sergent-major des canonniers, contre-révolutionnaire.

Franc philippe madinié, âgé de 23 ans, né à lyon, département du rhône, d. rue de la font, cafetier, fusilier, contre-révolutionnaire, étant allé à saint-étienne.

Bernard troit, âgé de 28 ans, né à mori, département des pyrennées orientales, d. place du change, chirurgien, chirurgien-major, contre-révolutionnaire.

Jean-baptiste culiat, âgé de 55 ans, né à clermont, département de puy-de-dôme, d. quai beaurepaire, marchand négociant, sous-lieutenant, *idem.*

Claude prost, âgé de 26 ans, né à lyon, département du rhône, d. rue bas d'argent, pâtissier, canonnier, *idem.*

François bruas, âgé de 23 ans, né à lyon, département du rhône, d. place du plâtre, cafetier canonnier, *idem.*

Martin trunel, âgé de 42 ans, né à ambert, département du puy-de-dôme, d. rue saint-jean, revandeur de denrées, lieutenant, *idem.*

Claude lebé, âgé de 58 ans, né à lyon, département du rhône, d. rue longue, rentier, dévasteur du club central, a donné 600 livres pour les frais du siege.

Jean-baptiste perraud, âgé de 60 ans, né à valsési en Italie, d. rue tramassac, conducteur de bâtimens, adjoint au comité de surveillance, contre-révolutionnaire.

Benoît carrand, âgé de 26 ans, né à lyon, département du rhône, d. grande rue merciere, clerc de notaire, fusilier, *idem.*

Pierre-joseph planchy, âgé de 43 ans, né à lyon, département du rhône, d. grande côte, boulanger, contre-révolutionnaire, et provocateur au meurtre.

Jean-baptiste depure, ci-devant marquis, âgé de 55 ans, né à lyon, département du rhône, d. rue sala, ex-noble, contre-révolutionnaire.

Jean-françois brundunberd, âgé de 42 ans, né à marseille, département des bouches du rhône, d. rue trois-maries, commis négociant, sous-lieutenant, contre-révolutionnaire.

Louis-françois botu de la balmondiere, âgé de 68 ans, né à lyon, département du rhône, d. rue saint-joseph, rentier, ex-noble, contre-révolutionnaire, recrutant pour les rebelles.

César-remi gautier, âgé de 40 ans, né à sens, département de l'ionne, d. rue longue, marchand de toiles, sous-lieutenant des canonniers, contre-révolutionnaire.

Jean-baptiste pelisson, âgé de 37 ans, né à lyon, département du rhône, d. place de l'herberie, marchand de dorure, lieutenant, *idem*.

François calmard, âgé de 23 ans, né à puy en velai, d. rue saint-pierre, commis négociant, fusilier, *idem*.

Pierre-françois-thérese hutte fils, âgé de 19 ans, né à lyon, département du rhône, d. place saint-pierre, apprentif dans la fabrication, chasseur à cheval, *idem*.

Claude valesque, ex-noble, âgé de 24 ans, né à lyon, département du rhône, d. place saint-pierre, commis négociant, grenadier, ex-noble, contre-révolutionnaire.

Thomas lemontey, âgé de 31 ans, né à lyon, département du rhône, d. rue saint-côme, compagnon orfevre, sous-lieutenant, contre-révolutionnaire.

Jean-baptiste guillot, âgé de 49 ans, né à jugurieu en bugey, d. rue de l'enfant qui pisse, marchand de dorure, lieutenant, *idem.*

Michel-théodore chavanieu, âgé de 33 ans, né à lyon, département du rhône, d. rue lanterne, courtier, sous-lieutenant, *idem.*

André-marie mignard, agé de 24 ans, né à lyon, département du rhône, d. rue lanterne, marchand d'évantails, porte-drapeau, membre du comité de surveillance, *idem.*

Benoît lacroze, âgé de 32 ans, né à lyon, département du rhône, d. rue longue, brodeur, chasseur à cheval, *idem.*

Pierre godemard, âgé de 33 ans, né à lyon, département du rhône, d. place des carmes, épicier en détail, lieutenant, *idem.*

Marc roux, âgé de 35 ans, né à voiron, département de l'isere, d. rue longue, marchand de toiles, capitaine, *idem.*

Jean-pierre gay, âgé de 41 ans, né à lyon, département du rhône, d. rue lanterne, dessinateur et marchand, lieutenant caserné, *idem.*

Louis laussel, âgé de 50 ans, né à bayonne, département des basses pyrenées, d. place des carmes, vitrier. capitaine, *idem.*

Jean grimardias, âgé de 40 ans, né à maraise. département du puy-de-dôme, d. rue de l'enfant qui pisse, marchand droguiste, lieutenant, *idem.*

Gilberd ravier, âgé de 29 ans, né à magni, département de saine et loire, petite rue longue, marchand toilier, lieutenant, *idem.*

Jacques ordassiere, âgé de 44 ans, né à voiron, département de l'isere, d. rue longue, marchand de toiles, grenadier, secrétaire de section, *idem.*

Louis baraud, âgé de 66 ans, né à villefranche, demeurant rue des boitiers, ci-devant carme, secrétaire de section, prêtre, *idem.*

Claude laplate, âgé 29 ans, né à villefranche, demeurant rue saint-côme, marchand de vins, chasseur à cheval, contre-révolutionnaire.

Claude crochet aîné, âgé de 45 ans, né à lyon,

à lyon, département du rhône, d. rue luiserne, tonnelier, grenadier, *idem.*

Jean-marie david, âgé de 37 ans, né à pont de beauvoisin, département du mont-blanc, d. place des carmes, marchand plumassier, capitaine, *idem.*

Joseph feriol, âgé de 41 ans, né à lagnieu, département de l'ain, d. rue paradis, chirurgien et cabaretier, sergent, *idem.*

Emanuel surbin, âgé de 33 ans, né à lyon, département du rhône, d. rue saint-jean, cultivateur, lieutenant des grenadiers, contre-révolutionnaire, envoyé à bordeaux pour fédéraliser.

Jean-claude cornu, âgé de 30 ans, né à lyon, département du rhône, d. place de la baleine, ouvrier en soie, lieutenant des canonniers, contre-révolutionnaire.

Jean-claude dupié, âgé de 50 ans, né à charbonniere, département du rhône, d. place saint-george, épicier, commissaire au comité de surveillance, *idem.*

Jean-marie duchamp, âgé de 57 ans, né à lyon, département du rhône, d. rue saint-clair, boulanger, lieutenant, *idem.*

Gaspard arnaud, âgé de 40 ans, né à vaugnerais, département du rhône, d. rue de la claie, ci-devant avoué, fusilier, *idem*.

François perillat, agé de 60 ans, né à grand-bernard, département du mont-blanc, d. rue clermont, clincailler, porte-drapeau, *idem*.

Barthélemy joubert, âgé de 36 ans, né à amiens, département de saône, d. port neuville, receveur des coches de paris, commandant de bataillon, *idem*.

Marguerite pontaut, âgé de 54 ans, né à lyon, département du rhône, d. rue de l'arbre-sec, rentier, contre-révolutionnaire, recevant et logeant des prêtres réfractaires, a donné 600 livres pour le siége.

Françoise berruyer, veuve d'alexandre gagnaire bruel, âgée de 33 ans, née à lyon, département du rhône, d. place saint-nizier, rentiere, contre-révolutionnaire, a donné 3,000 livres pour le siége, pris sur le patrimoine de ses enfans.

Louis bruel, agé de 48 ans, né à aurillac, département du cantal, d. quai de saône, ci-devant prêtre, fusilier, prêtre réfractaire à la loi, contre-révolutionnaire.

Thomas davin, agé de 56 ans, né à lyon, département du rhône, d. rue de la pêcherie, liquoriste, président de section, contre-révolutionnaire.

Jean-baptiste guillot-lachaud, ex-noble, agé de 57 ans, né à lyon, département du rhône, cui-de-sac de l'arsenal, rentier, ex-noble, contre-révolutionnaire.

Paul guillot-lachaud, ex-noble, agé de 55 ans, né à lyon, département du rhône, d. cul-de-sac de l'arsenal, rentier, ci-devant officier, fusilier, *idem*.

François guillot-lachaud, ex-noble, agé de 49 ans, né à lyon, département du rhône, d. rue de l'arsenal, ci-devant officier, fusilier, *idem*.

Pierre masse, agé de 24 ans, né et demeurant à lyon, d. rue écorche-bœuf, bouquiniste, fusilier, colporteur de libelles contre-révolutionnaires.

Claude rousset, agé de 63 ans, né à nîmes, département du gard, demeurant rue puit-du-sel, ouvrier en soie, sous-lieutenant, membre du comité de surveillance, contre-révolutionnaire.

Jean-pierre jayet, agé de 68 ans, né et demeurant à lyon, rue basse-ville, ci-devant curé, prêtre réfractaire à la loi, contre-révolutionnaire.

Marc-antoine noyel, agé de 63 ans, né à lyon, demeurant cour d'ainay, ci-devant prêtre, prêtre réfractaire à la loi et contre-révolutionnaire.

Alexis billet, agé de 49 ans, né et demeurant à lyon, rue péroilerie, marchand fabricant, président de section, contre-révolutionnaire.

Jean mouret, agé de 42 ans, né à arles, département des bouches du rhône, demeurant port saint-paul, épicier, président de section, contre-révolutionnaire.

Jean-marie charasson, agé de 48 ans, né et demeurant à lyon, quai de la feuillée, marchand épicier, membre de la commission départementale, commissaire surveillant, contre-révolutionnaire.

Barthélemy maillet, agé de 35 ans, né et demeurant à lyon, rue des augustins, commis marchand chargeur, sergent-major, secrétaire de section, contre-révolutionnaire.

Henri-gilbert mailland, agé de 46 ans, né à saintan-le-chatet, district de roanne, demeurant à saintan, sans état, membre du département de rhône et loire, contre-révolutionnaire.

Jacques guillet, agé de 49 ans, né et demeurant à lyon, rue neuve, compagnon chapelier, caporal des chasseurs casernés, contre-révolutionnaire.

Charles cuny, agé de 59 ans, né à barre-sur-seine, département de l'aude, demeurant rue lanterne, cordonnier, capitaine, contre-révolutionnaire.

Michel minoyal, agé de 58 ans, né à saizie en italie, demeurant quai du rhône, maçon, adjoint au comité de surveillance, contre-révolutionnaire.

Charles-joseph jacob, agé de 53 ans, né et demeurant à lyon, rue la font, n°. 160, marchand fabricant d'étoffes, commissaire surveillant, contre-révolutionnaire.

Etienne blanchet, agé de 43 ans, né et demeurant à lyon, quai saint-antoine, marchand ferratier, capitaine, contre-révolutionnaire.

Claude-françois perrache, agé de 45 ans, né et demeurant à lyon, rue puit-du-sel, ouvrier en soie, lieutenant, contre-révolutionnaire.

Réné camu, agé de 36 ans, né à angers, département de mayenne et loire, demeurant aux célestins, baigneur, grenadier, contre-révolutionnaire.

Michel trutement, agé de 35 ans, né à montménin en alsace, demeurant rue port-charlet, ouvrier en soie, canonnier, contre-révolutionnaire.

François jeudy, agé de 58 ans, né à rioms, demeurant rue saint-barthélemy, distillateur, ci-devant frère carme, contre-révolutionnaire ; a donné [illegible]00 liv. pour le siége.

[illegible] pierre brodier, agé de 69 ans, né à [illegible] ment de la marne, demeurant [illegible], chirurgien, chirurgien-ma-[illegible], contre-révolutionnaire.

[illegible] desmarets, agé de 20 ans, né et demeurant à lyon, rue turpin, clincailler, fusilier, contre-révolutionnaire.

Antoine charvet, agé de 42 ans, né et demeurant à lyon, rue mercière, employé à la loterie, quartier-maître des rebelles, contre-révolutionnaire.

Noël agerony, agé de 46 ans, né à bourg, département de l'ain, demeurant rue péronnerie, ouvrier en soie, membre du comité de surveillance, contre-révolutionnaire.

Jean-antoine bavet, agé de 37 ans, né à givors, département de rhône, demeurant rue des hébergeries, commis changeur, capitaine, membre du comité de surveillance, contre-révolutionnaire.

Pierre fillion, agé de 57 ans, né et demeurant à lyon, rue sainte-catherine, marchand fabricant d'étoffes, capitaine, *idem.*

Paul latus, agé de 34 ans, né à tours, département d'indre et loire, demeurant rue de la pêcherie, ouvrier en soie, sergent-major, contre-révolutionnaire.

Mathieu cagnion, agé de 48 ans, né et demeurant à lyon, rue des augustins, n°. 10, marchand commissionnaire, adjoint au comité de surveillance, contre-révolutionnaire.

Louis balthazard assada, agé de 41 ans, né et demeurant à lyon, rue pérollerie, ouvrier en soie, membre du comité de surveillance, contre-révolutionnaire.

Joseph pichot, agé de 41 ans, né et demeurant à lyon, rue mercière, ceinturonnier, lieutenant des canonniers, contre-révolutionnaire.

Pierre michel rognat, agé de 36 ans, né à gillonnet, département de l'isère, demeurant quai saint-antoine, marchand épicier droguiste, lieutenant, adjoint au comité de surveillance, contre-révolutionnaire.

Christophe ponchon, agé de 73 ans, né et demeurant à lyon, quai des célestins, ci-devant officier, commandant le poste de la guillotière dans lyon, contre-révolutionnaire.

Jean-baptiste revoir, agé de 19 ans, né à avignon, demeurant rue mulet, commis drapier, chasseur caserné, contre-révolutionnaire.

Antoine tripier, agé de 39 ans, né et demeurant à lyon, rue gentit, serrurier, fusilier caserné, contre-révolutionnaire.

Jean caby, agé de 47 ans, né à saint-germain-en-laye, département de seine et oise, demeurant rue puit-du-sel, fabricant de bas, commandant en second d'un bataillon de rebelles, membre du comité de surveillance, contre-révolutionnaire.

Pierre benoît, agé de 50 ans, né à la guillotière, demeurant rue puit-du-sel, ouvrier en soie, capitaine des grenadiers, membre du comité de surveillance, contre-révolutionnaire.

Antoine roulet, agé de 49 ans, né à lyon, département du rhône, rue de la convention, n° 108, charpentier, lieutenant, contre-révolutionnaire.

Jean-françois disselin, âgé de 54 ans, né à lyon, département du rhône, d. rue de la convention, ouvrier en soie, grenadier, adjoint au comité de surveillance, *idem.*

Louis guyot, âgé de 44 ans, né à lyon, rue pizay, n° 120, marchand fabricant, secrétaire de section, *idem.*

Etienne superchy, agé de 57 ans, né à parme en Italie, d. rue pareille, graveur, sous-lieutenant, *idem.*

Jacques berge, agé de 37 ans, né à pougi, département de l'aube, place de la douane, domestique, fusilier, *idem.*

Bertrand cabaret, agé de 21 ans, né à puy-marcin, département de haute garonne, d. rue bourgchanin, éleve en chirurgie, grenadier, *idem.*

Philibert seré, agé de 26 ans, né à saint-martin de boissi, district de rouanne, rue tram ac, n° 50, ci-devant clerc d'avoué, caporal des grenadiers, *idem.*

Jean-marie pougnot, âgé de 30 ans, né à lyon, département du rhône, d. rue de la poulaillerie, fourbisseur, grenadier, *idem.*

Benoît drivet, âgé de 45 ans, faubourg de la croix-rouge, rue de la monnoie, garçon épicier, bombardier, *idem.*

Pierre vermoret, âgé de 33 ans, né à rivoré, ci-devant baujolois, d. grande côte, vinaigrier, fusilier caserné, *idem.*

Jean-baptiste lafond, cadet, âgé de 55 ans, né à lyon, département du rhône, rue merciere, épicier, archiviste de l'assemblée permanente, *idem.*

Claude-alexandre lafond aîné, âgé de 56 ans, né à lyon, département du rhône, quai des célestins, épicier, contre-révolutionnaire fédéraliste.

Jacques permilleu, âgé de 30 ans, né à

lyon, département du rhône, rue tramassac, tourneur, canonnier, contre-révolutionnaire, l'un des assassins de sautemouche, *officier municipal.*

Adrien-marie dijon, agé de 17 ans, né à clermont, département du puy-de-dome, d. à clermont, premier du tribunal du district de clermont, contre-révolutionnaire, agent de la faction brissot, et ardent fédéraliste.

Jean-baptiste senès, agé de 42 ans, né à soliers, département du var, d. place des cordeliers, perruquier, sous-lieutenant, contre-révolutionnaire.

Nicolas neuviel, agé de 23 ans, né à lyon, département du rhone, d. rue grenette, emballeur, fusilier, *idem.*

François laubreaud, agé de 26 ans, né à lyon, département du rhone, rue grenette, potier d'étaim, caporal des chasseurs, *idem.*

Pierre chamousset, agé de 58 ans, né à novalize, département du mont-blanc, d. rue de l'hopital, marhcand fripier, contre-révolutionnaire, royaliste et agioteur.

Jean-baptiste garnier, agé de 34 ans, né à lyon, département du rhone, d. place saint-jean, chapelier, fusilier caserné, contre-révolutionnaire.

François-gabriel veaurenard, ex-noble, agé de 59 ans, né à lyon, département du rhône, d. rue saint-joseph, rentier, ex-noble, contre-révolutionnaire, a donné 1,000 livres pour le siége.

Pierre bourdin, agé de 70 ans, né à lyon, département du rhône, d. à la quarantaine, prêtre, prêtre réfractaire, et contre-révolutionnaire.

Abel dupré, agé de 27 ans, né à lyon, département du rhone, d. place du concert, commis drapier, fusilier, contre-révolutionnaire.

Jean-marie remille, agé de 70 ans, né à montmerle, département de l'ain, rue des étrées, ci-devant procureur, secrétaire de section, membre du comité des 12, *idem.*

Charles plisson, agé de 29 ans, né à lyon, département du rhône, rue écorche-bœuf, chirurgien, capitaine, *idem.*

Etienne planson, dit bourgeois, agé de 42 ans, né à arlay, département du jura, d. rue belle cordiere, domestique, fusilier caserné, *idem.*

François perraud, agé de 35 ans, né à lyon, département du rhône, d. rue de la boucherie, prêtre, fusilier, prêtre réfractaire à la loi, contre-révolutionnaire.

Thomas hachard, agé de 67 ans, né à lyon, département du rhône, rue merciere, architecte, contre-révolutionnaire.

Henry biscara, agé de 37 ans, né à peza, département du gard, d. rue des augustins, marchand fabricant, membre du comité de surveillance, *idem.*

Jean-baptiste gache, agé de 63 ans, né à lyon, département du rhône, quai des augustins, fabricant d'étoffes de soie, président de section, *idem.*

Antoine-élisabeth vaurenard, ex-noble, agé de 20 ans, né à lyon, département du rhône, d. rue saint-joseph, sans état, grenadier caserné, ex-noble, contre-révolutionnaire.

Louis verchere, ex-noble, agé de 40 ans, né à dijon, département de la côte d'or, d. rue saint-jean, ci-devant conseiller au parlement de dijon, fusilier, *idem.*

Hugues-joseph-marie berger, agé de 43 ans, né à fleurieu, département du rhone, d. rue saint-jean, n° 150, rentier, avocat, vice-président de section, contre-révolutionnaire, a donne 200 livres pour soutenir le siége.

Pierre sautet, agé de 48 ans, né à saint-simphorien de lay, d. faubourg de vaise, cabaretier, lieutenant, contre-révolutionnaire.

Pierre aurouze, agé de 42 ans, né à lyon, département du rhone, d. rue basse grenette, prêtre, prêtre réfractaire, contre-révolutionn.

Joseph replain, agé de 49 ans, né à autrant, département de l'isere, demeurant rue puit-du-sel, ouvrier en soie, président de section, contre-révolutionnaire.

Jacques labarge, ex-noble, agé de 45 ans, né à lyon, département du rhone, demeurant place de la trinité, rentier, fusilier, ex-noble, contre-révolutionnaire.

Jean-charles jousserand, agé de 64 ans, né à lyon, département du rhone, demeurant rue perollerie, marchand de dorure, secrétaire de section, contre-révolutionnaire.

Antoine leblanc, agé de 44 ans, né à estivaret, département de loire, demeurant rue de la bombarde, homme de loi, vice-président de section, *idem*.

François lacostat, agé de 40 ans, né à lyon, département du rhone, demeurant rue du garet, marchand négociant, secrétaire de section, *idem*.

Jean-pierre robin, agé de 51 ans, né à lyon, département du rhone, demeurant rue poulaillerie, charpentier, commissaire aux incendies, *idem*.

Francois-rené cheher, agé de 44 ans, né à mirai, département de mayenne et loire, demeurant petite rue merciere, tailleur, sous-lieutenant, *idem*.

Etienne clerjon, agé de 67 ans, né à ville-franche, demeurant à ville-franche, ci-devant procureur du roi, vice-président du congrès départemental de rhone et loire, *idem*.

Dominique rolant de la plat, agé de 71 ans, né à ville-franche, département de rhone et loire, demeurant à ville-franche, ci-devant chanoine, contre-révolutionnaire et fédéraliste.

Jean-pierre poyal, âgé de 32 ans, né à lyon, département du rhone, demeurant à la grenette, boutonnier, grenadier, contre-révolutionnaire et persécuteur des patriotes.

Augustin chavel, âgé de 41 ans, né à orgelet, département du jura, demeurant rue de la vieille-monnoie, commis de magasin, sergent des grenadiers, contre-révolutionnaire.

Pierre carrier, âgé de 58 ans, né à sapais, département du mont-blanc, demeurant place saint-clair, cabaretier, contre-révolutionnaire, a donné 50 livres pour les frais du siége.

Pierre ray, agé de 29 ans né à lyon département du rhone, demeurant rue boucher saint-george, boucher, grenadier caserné, contre-révolutionnaire.

Jacques bouvier, agé de 32 ans, né à lyon, département du rhone, demeurant rue de la berge, gendarme à pied, *idem*.

Benoît passemard, agé de 50 ans, né à ambert, département du puy-de-dome, demeurant rue thomassin, cabaretier, capitaine, *idem*.

Jean-louis, ferrand, agé de 40 ans, né à lyon, département du rhone, demeurant rue boucherie saint-paul, boucher, fusilier, *idem*.

Michel aquebare, agé de 25 ans, né à oizemont, département de saone, demeurant rue thomassin, mercier, grenadier, *idem*.

Mathieu grand, agé de 47 ans, né à melezet, département des hautes alpes, demeurant place de la liberté, cafetier, porte-drapeau, *idem*.

Joseph-michel dian, agé de 62 ans, né à lyon, département du rhone, demeurant au pied des capucins, rentier. *idem*.

Benoit biesse, agé de 59 ans, né à lyon, département du rhone, demeurant place des carmes, courrier, contre-révolutionnaire et agioteur.

Francois ray, agé de 45 ans, né à lyon, département du rhone, demeurant rue ferrandiere, marchand d'indiennes, lieutenant, contre-révolutionnaire.

Clément ymouf, agé de 48 ans, né à longe, près givors, demeurant rue de la vieille-monnoie, ouvrier en soie, porte-drapeau, *idem*.

Claude liebot cadet, agé de 20 ans, né à lyon, département du rhone, demeurant rue de l'arbre-sec, commis fabricant, fusilier caserné, *idem*.

Davide largnier, agé de 43 ans, né à lyon département, du rhone, demeurant rue de la convention, négociant, contre-révolutionnaire, a donné 320 livres pour le siége.

Jean perreaud, agé 38 ans, né à lyon, département du rhone, demeurant place des carmes, marchand fabricant, sous-lieutenant, contre-révolutionnaire.

Pierre lapierre, agé de 44 ans, né à ousson, département de saone et loire, demeurant petite rue sainte-catherine, revendeur, sergent, *idem.*

Joseph-nicolas billemas, agé de 47 ans, né à lyon, département du rhone, demeurant rue vieille-monnoie, n° 53, fabricant d'étoffes de soie, fusilier, *idem.*

Claude montessuy, agé de 46 ans, né à saint-laurent, département du mont-blanc, demeurant rue vieille-monnoie, n° 53, ouvrier en soie, sergent-major, *idem.*

Charlotte millet, femme de tridon de ray, né à barre-sur-seine, département de la côte d'or, demeurant rue de flandre, sans état, contre-révolutionnaire, a dit qu'elle tueroit dubois-crancé s'il ne vouloit pas traiter avec les lyonnois.

Antoine gevaudant, ex-noble, agé de 64 ans, né à montpellier, département de l'héraut, demeurant rue du plat, rentier, ex-noble, contre-révolutionnaire.

Certifié sincere et véritable par nous membres de la commission révolutionnaire.

Signé sur la minute, PAREIN, *Président*, LAFAYE aîné, BRUNIERE, FERNEX et CORCHAND.

Collationné conforme à l'original,
BRECHET, *secrétaire-greffier.*

FIN de la premiere Partie.

www.ingramcontent.com/pod-product-compliance
Lightning Source LLC
Chambersburg PA
CBHW052129090426
42741CB00009B/2010
* 9 7 8 2 0 1 2 5 3 2 0 1 4 *